HOLGER REINERS

DAS HEIMATLOSE ICH
Aus der Depression zurück ins Leben

HOLGER REINERS

DAS HEIMATLOSE ICH

Aus der Depression zurück ins Leben

KÖSEL

Dr. E. K. gewidmet, der mir half,
meinem Ich eine Heimat zu geben.

© 2002 by Kösel-Verlag GmbH & Co., München
Printed in Germany. Alle Rechte vorbehalten
Druck und Bindung: Kösel, Kempten
Umschlaggestaltung: Kosch Werbeagentur GmbH, München
Umschlagmotiv: Bavaria/Richard Dunkley
ISBN 3-466-30599-3

Gedruckt auf umweltfreundlich hergestelltem Werkdruckpapier
(säurefrei und chlorfrei gebleicht)

INHALT

Abschied von den Illusionen

Dieses Buch ist keine medizinische Publikation. Deshalb hat es auch keine Therapie gegen die tückische Krankheit Depression zur Hand. Die dazu nötigen Erkenntnisse fundierter Forschungsarbeit füllen Artikel und Lehrbücher der Fachleute und sorgen seit Jahrzehnten für hitzige Diskussionen unter den Spezialisten.

Dieses Buch will und ist etwas ganz anderes: Es ist meine persönliche Geschichte im Umgang mit der Depression. Was löste sie aus, was beeinflusste ihren Verlauf und wie verlief der Weg heraus aus der Klammer einer Krankheit, die diesen Namen trägt: Depression?

Der Ausgangspunkt eines selbst erlebten Schicksals kann Betroffenen wie ihren Angehörigen vielleicht am ehesten nahe bringen, welch erdrückende Last diese Krankheit und das Unverständnis der Umgebung dafür darstellen – aber auch besser als Prozentzahlen und Prognosen den Optimismus vermitteln, dass selbst aus großen Tiefen eine Befreiung von der Depression möglich ist.

Die Diagnose bei mir hieß anfänglich »Vegetative Dystonie«. Das ist etwa so eindeutig wie die Zustandsbeschreibung »Unwohlsein« für jemanden, der gerade einen Herzinfarkt erlitten hat. An der Unschärfe der Diagnose bei Depressionen hat sich bis heute letztlich nicht viel geändert. Darüber täuschen auch die so zahlreich angebotenen Therapieformen nicht hinweg, von der jede für sich in Anspruch nimmt, dem

Depressiven helfen zu können. Sie sind eher ein Indiz dafür, wie schwer es ist, sich dieser komplexen Krankheit zu nähern, wie unklar ihr Verlauf ist und vor allem, wie sie in vertretbarer Zeit mit angemessenem Aufwand zu behandeln ist. Denn was helfen jahrelange Psychoanalyse, Gesprächs-, Gestalt- oder Urschreitherapie bei einem 50-Jährigen, wenn er damit mehr als die Hälfte seiner statistischen Restlebenszeit beschäftigt ist oder einem 20-Jährigen dadurch die wichtigsten Jahre seiner Jugend genommen werden?

Die Depression gleicht der Falle eines Jägers: Je geschickter sie ausgelegt, je besser sie getarnt ist, umso größer ist ihre Chance, Beute zu machen. Die Falle, in die sich der Depressive verstrickt, die ihn gefangen hält, quält, zermürbt und allzu oft in schwerste Verzweiflung oder – nicht zu selten – auch in den Tod treibt, ist besonders geschickt ausgelegt. Die Falle heißt Lebensillusion! Der Depressive hält an einem verzerrten Wunschbild seines Lebens fest. Oft genug ahmt er ein von anderer Seite vorgelebtes Original nach, statt ein originäres Leben zu führen. Der Spagat zwischen diesen beiden Lebensmöglichkeiten führt meist in eine falsche Illusion. Nur wer sich aus dieser Lebensillusion befreit, kann der Lebensfalle Depression entkommen. Ganz selten nur gelingt dies allein, fast immer bedarf es professioneller und – ebenso wichtig – freundschaftlicher Hilfe. Die Heilung erfolgt nur unter großen seelischen Schmerzen, die aber glücklicherweise irgendwann überwunden und eines Tages auch vergessen sind.

Lebensillusionen haben wie die sagenumwobene Hydra viele Köpfe. Erst wenn sie alle immer wieder abgeschlagen werden, können keine gefährlichen neuen nachwachsen und die Bedrohung ist gebannt. Wie das Messer dazu beschaffen sein muss, versucht dieses Buch zu beschreiben. Es schildert eigene Erfahrungen, nicht mehr, aber diese können vermitteln, dass sich aus vielen scheinbar ganz simplen Dingen äußerst scharfe Messer herstellen lassen, um den Fangarmen der Depression auf Dauer zu entkommen und sie zu besiegen. Das Wort »besiegen« ist mit Bedacht gewählt, ist nicht Ausgeburt des in der Medizin häufig anzutreffenden martialischen Denkens und Formulierens. Es ist Ausdruck gelebter Erfahrung und eines persönlichen und anhaltenden Sieges.

Am Ende des Leidens und des inneren Kampfes steht als verdienter Triumph ein Leben ohne tägliche Bedrohung, ohne bodenlose Traurigkeit, ohne Todessehnsucht, aber eben auch ohne Illusionen im Sinne von nicht einlösbaren Lebenskonzepten. Falsche, aber lange Zeit verlockende Illusionen und Zerrbilder aufzugeben, ist der Preis für ein normales Leben. Ein gutes und für den einst Depressiven völlig unerwartetes Leben – mit Wünschen, Freuden, Sehnsüchten, Erfolgen und einer aufrichtigen Zufriedenheit.

Ich bin kein Wissenschaftler und will niemanden von der Richtigkeit meiner Beobachtungen und Thesen überzeugen, eher will ich sie zur gedanklichen Disposition stellen. Mit meinem persönlichen Erleben aber möchte ich all denen, deren Leben durch die Depression so beschwerlich geworden ist, Mut machen, sich intensiv mit dieser Krankheit auseinander zu setzen. Man muss ihr nicht zwangsläufig erliegen, sondern vielmehr jedwede Möglichkeit erwägen und ausprobieren, sich dieser Krankheit zu entziehen. Mir ist es auch gelungen.

Warum ich dieses Buch schreibe

In der Zeitung las ich vor einiger Zeit: »Ein verständnisvolles Wort einem Depressiven gegenüber, ein Zuhören und spontanes Zuraten eines guten Freundes ist erfolgversprechender als jede Psychotherapie.« Das war nicht die unbedachte Meinung eines ignoranten Zeitgenossen, sondern das Lebensfazit eines namhaften Psychiatrieprofessors. Warum äußerte sich ein Mann, dessen lange Karriere als Wissenschaftler und Therapeut mit vielen Auszeichnungen bedacht wurde und der den Kollegen seines Berufsstandes immer eine Leitfigur war, in dieser Weise? Ich empfinde dieses für eine Millionenöffentlichkeit ebenso wie für den leidenden Kreis der Depressiven eher entmutigende Zeugnis als ein Schlaglicht auf die Problematik der Depression: Bis heute tappt die Wissenschaft im Dschungel dieser Krankheit. Mit viel Geld und noch mehr Enthusiasmus wird weltweit über das Phänomen Depression geforscht, große Kongresse werden dem Problem gewidmet und neue Therapien erprobt, hitzig gegen andere verteidigt und oft dann doch als nicht erfolgbringend eingestellt. Manche Ärzte setzen ausschließlich auf die Vorstellung fehlerhafter Schaltstellen im Gehirn und Medikamente, die Wege wieder ebnen sollen. Andere schwören als Therapeuten auf die alleinige Wirkung der Psychotherapie. Hier wie jenseits des Atlantiks haben die Fachleute jeweils etwas andere Schwerpunkte in der Behandlung – bedingt durch verschiedenartige Anschauungen über die Krankheit und nicht zuletzt unterschiedliche Finanzierung der Gesundheitssysteme. Und mittendrin der Depressive und seine Angehörigen. Er ist nicht nur durch seine Krankheit einsam, sondern trotz aller Therapien oft auch mit ihr allein gelassen.

Mir hat erst dieses Eingeständnis der professionellen Hilflosigkeit Mut gemacht, meine eigenen Erfahrungen niederzuschreiben. Denn der emeritierte Professor hat Recht: Eine einfühlsame Seele kann einen guten Effekt auf einen folgenschweren Lebensverlauf haben – den in die selbst gewählte Illusion. Auch mir hat ein guter Freund denselben Satz einst mit auf den Weg geben wollen, aber ich war schon im ablehnenden Bann der Fachleute und wollte von einem solchen freundschaftlich guten Rat nichts mehr wissen. Meine Psychiater, die ich bald als wohlmeinende Besserwisser empfinden sollte, hatten mich bereits zu fest im Griff.

Trotz aller Vorbehalte habe ich auch weiterhin höchsten Respekt vor allen verantwortungsvollen Psychologen und Psychiatern. Sie allein können zwischen Scharlatanerie, ärztlicher Heilkunst und gut gemeintem Freundesrat unterscheiden. Ihnen gilt auch weiterhin mein Vertrauen und meine Anerkennung. Dennoch ist niemand von der Verantwortung frei, sein eigenes Leben mitzubestimmen und in die Hand zu nehmen – auch und besonders der Depressionskranke.

Das Eingeständnis des Professors hat mich zum Schreiben beflügelt und wurde der Auslöser für dieses Buch. Ich wünsche ihm Leser, denen es als Depressionskranken hilft, ihr oftmals gefangenes Denken in eine andere Richtung zu lenken. Und ich wünsche diesem Buch die Kraft, dass es die Öffentlichkeit zu einem anderen Umgang mit der Krankheit anregen kann. Vor allem aber möchte ich all jene, die unter ähnlichen Depressionen leiden, dazu ermutigen, sich selbst von ihren Fesseln, den falschen Illusionen zu befreien. Der erste Schritt dazu bedeutet, dass man Hilfe von außen sucht, wenn man erkennt, der Krankheit nicht selbst gewachsen zu sein. Bereits das ist ein großer Schritt in ein gutes, neues, aufregend anderes Leben. Lassen Sie sich anstecken von meinen Erfahrungen. Sie waren schmerzhaft. Von heute aus betrachtet habe ich durch sie den Weg in ein normales und gesundes Leben gefunden.

Depressionen – »Krebs der Seele«?

Depressionen, ein Krebs der Seele? Zugegeben, ein provozierender Vergleich. In der allgemeinen Wahrnehmung dieser beiden Erkrankungen finden sich tatsächlich überraschende Parallelen.

Wenn Depressionen eine »seelische Erkrankung« sind, stellt sich zunächst die Frage nach der Beschaffenheit der Seele. Die Seele ist den meisten Menschen nur ein sehr vager Begriff, den wir in ganz unterschiedlichen Zusammenhängen benutzen: »Sie ist eine Seele von Mensch.« »Er war die Seele des Unternehmens.« »Der Mann hat ja gar keine Seele« ... Als Seele fassen wir unsere emotionalen Befindlichkeiten zusammen – und können uns darunter doch nichts Greifbares vorstellen.

Wann spüren wir unsere Seele? Zuerst einmal offenbar in guten, glücklichen Zeiten, wenn wir überrascht feststellen, dass uns etwas besonders gut gelungen ist oder wir die tiefe Liebe zu einem anderen Menschen empfinden, bei einem Naturerlebnis, das eindringlich und kongruent unsere Lebensstimmung, unser Glück widergibt. Auch bei der Betrachtung eines Kunstwerkes, das uns anrührt, in der Musik oder Literatur, sei es aktiv gestaltend oder auch nur passiv erlebend. Für mich sind solche Erlebnisse immer wieder die Bestätigung, dass ich mit meiner Lebensführung »auf die richtige Taste gedrückt habe«, die in der Lage ist, meine Seele unmittelbar anzusprechen. In solchen Momenten weiß ich, dass ich meinen Tag richtig zugebracht habe, dass ich auf einem Weg bin, mein Leben selbst bestimmt gestalten zu können. Dann gibt es zwischen meinem Handeln und meinen Wünschen und Sehnsüchten keine Differenz – ich befinde mich nicht im Reich falscher Illusionen, sondern in meiner eigenen Realität. Insofern stellt sich mir die Seele als Kontrollorgan dar, das mir die tägliche Rückkoppelung gibt: Du lebst richtig, du kannst glücklich sein, du hast es in der Hand – merke es dir! Zum anderen ist die Seele aber auch die innere Instanz, die aus gelebter Erfahrung Forderungen ableitet, sich selbst zu erkennen und sein Leben zu erfüllen.

Die Seele scheint permanent den »Datenstand des eigenen Lebens« zu aktualisieren, um uns damit immer wieder auf die Fährte unserer Bestimmung zurückzuführen und uns mit unseren Lebenswünschen und Zielen zu konfrontieren. Mir drängt sich daher das Bild auf, dass die Seele das ungeschriebene Gesetz ist, dem wir zu folgen haben, um unseren Auftrag im Leben einzulösen.

Dieser Auftrag kann aufgrund besonderer Begabung wie selbstverständlich in einen vorbestimmten Lebensweg münden. Die weitaus meisten Menschen erlernen aber erst in Schule und Berufsausbildung Fähigkeiten, mit denen sie später beruflich agieren und ihren Lebensunterhalt verdienen können. Manch einer ist in seiner Lebensplanung dabei ganz sicher, andere wiederum müssen sich quälen, den eigenen Lebensinhalt überhaupt zu finden.

Und auch wenn ein Mensch aus dem beruflichen Leben ausscheidet, muss er oftmals erst herausfinden, was ihn eigentlich noch fordert, was ihn zufrieden und vielleicht sogar glücklich macht – welchen Sinn sein Leben hat und bereits hatte.

In jedem dieser Lebensabschnitte begegnet uns die Frage nach der Kraftquelle – der Seele. Diese Frage lauert immer, jeden Tag, in jeder Lebensphase – wenn uns nicht die berufliche oder sonstige Routine permanent motiviert oder alle Lebensumstände einfach glücklich sind. Dann tritt die Seele in den

Hintergrund, die Solarzelle des Lebensmotors erhält genug Energie.

Vielen Menschen stellt sich daher die Frage nach der seelischen Kraftquelle – oder dem Sinn ihres Daseins – nur in ganz wenigen Momenten des Lebens. Andere verdrängen diese Konfrontation, weil sie ihren Lebenskosmos nicht infrage stellen wollen, und es gibt viele Lebensbeispiele, die dieses Verhalten in der Alltagsbegegnung erfolgreich praktizieren. Wie häufig ein solcher »Fels in der Brandung« allerdings nachts von den Fluten der Lebenszweifel überspült wird, erfahren wir so gut wie nie.

Es gibt aber auch Menschen, die ihr Leben sehr sorgfältig einrichten, über den notwendigen Halt verfügen und durch eigene Überzeugung oder eine besondere Religiosität ein Lebenskorsett besitzen, das sie sicher durchs Leben trägt. Oft bewundern wir eine solche Lebensführung, weil sie uns besonders stimmig erscheint. Sie gleicht der Lebensauffassung eines Menschen, der die Depression überwunden hat und endlich selbst bestimmt sein Leben führen kann. Was aber, wenn der seelische Lebensmotor, die Kraftquelle unseres Lebens erkrankt? Die wichtigste Ähnlichkeit in der Wahrnehmung von Krebs und Depressionen ist die ernsthafte Bedrohung, die den Kranken überfällt.

Allein das Wort Krebs vermag selbst in einem gesunden Menschen tiefe Ängste auszulösen. Wir alle kennen Berichte von Betroffenen über die Unfassbarkeit einer solchen Diagnose, das Weggleiten des festen Bodens, Einsamkeit, Trauer und Angst – blanke Lebensangst. Krebskrankheit setzen wir mit einer Bedrohung des Lebens gleich und wissen, dass nur rasche und zielgerichtete Behandlung diese Gefahr möglicherweise abwenden kann. Wer mit einer Krebserkrankung konfrontiert wird, weiß, dass er professionelle Hilfe benötigt, und wird häufig sogar nach besonders kompetenten Spezialisten suchen.

Der behandelnde Arzt wird das Krankheitsbild eingrenzen, den Behandlungsweg vorschlagen und im besten Falle den Kranken auch in seinen inneren Nöten begleiten. Wer an Krebs erkrankt, muss sich zwangsläufig intensiv damit beschäftigen – mit der bedrohlichen Krankheit, einer hoffnungsvollen, aber oft einschneidenden Behandlung und seiner eigenen Zukunft, wie immer diese aussehen mag: geheilt davongekommen oder mit einer abgeschätzten Restlebenszeit. Konfrontiert mit der Diagnose Krebs verhalten sich Betroffene erfahrungsgemäß im Rahmen einer gewissen, eingrenzbaren Aktivitäts- und Kontemplationsphase.

Und bei einer seelischen Erkrankung? Depressionen sind keine einfache Befindlichkeitsstörung, sondern können im schlimmsten Fall das Leben des Kranken genauso ernsthaft bedrohen wie eine Krebserkrankung. Wenn der seelische Lebensmotor nachhaltig gestört ist, wirft dies den Betroffenen völlig aus seiner bisherigen Bahn. Entscheidend trägt dazu eine Störung der Wahrnehmung bei. Die Realität, also das gelebte Leben, wird als diffuse Bedrohung wahrgenommen – erste Anzeichen für eine ernst zu nehmende Erkrankung. Dem Kranken scheint der defekte Lebensmotor auf den ersten Blick offenbar irreparabel. Später, im Erleben der Depression, wird diese Einschätzung noch dramatischer: Die Maschine Mensch, die meinen Namen trägt, ist nicht nur irreparabel, sie hat auch keinen Restwert mehr.

Das Kraftwerk des Ichs, die Seele, arbeitet nicht mehr wie gewohnt. Alle von ihr einst dominierten Funktionen werden nicht mehr mit der nötigen Zuversicht gespeist, das Leben erfüllt sich nicht mehr selbstverständlich, Inhalte wie Zukunft, Planung, Lebensziele und Glück haben keine Wirkung mehr, werden nicht mehr von der inneren Stimme angeregt. Alles Tun, alles Denken unterliegt jetzt dem Einfluss von Niedergeschlagenheit, Zweifel und Angst – Lebensangst. Die Seele schafft keine Rückkoppelung mehr zu den Erfahrungen der Vergangenheit, vor allem den glücklichen. Alle Reserven sind verbraucht und es lassen sich auch keine neuen gerieren, weil das Leben in allen seinen Facetten sinnlos geworden zu sein scheint. Vielleicht ist gerade dieses Stadium der Depression, die vollkommene Verzweiflung, gepaart mit Todessehnsucht als Erlösung, mit einer schweren Krebserkrankung vergleichbar. Auf jeden Fall erlebt sich der Depressive so: ängstlich, hoffnungslos, verzweifelt und ohne jede Aussicht auf Zukunft.

In dieser Situation lassen neben den intellektuellen Fähigkeiten auch die körperlichen Kräfte nach, daher fällt es dem Kranken besonders schwer, sich gegen die Depression zu wehren. Er hat einfach keine Kraft mehr, der Bedrohung durch die Krankheit etwas entgegenzusetzen. Am Ende bleibt nur noch der eine Wunsch – von den unerträglichen Schmerzen der Verzweiflung erlöst zu werden.

All diese Stadien der Krankheit erlebt der Depressive als Realität. Außenstehenden stellt sich die objektive Lebenssituation des Kranken oft ganz anders dar. Hat der Depressive das Gefühl, keinen Platz im Leben zu finden, keine wirkliche Identität zu haben und ohne jede seelische Kraft und Perspektive dazustehen, so werden sich der behandelnde Arzt, Therapeut, Freunde und Angehörige bemühen, jeder in Verzweiflung genannten Bedrohung das Äquivalent einer objektiven Einschätzung entgegenzuhalten, um den Kranken aus seiner Selbstzentrierung zu lösen. Gleichzeitig gilt es, ihn mit seinen bisher gelebten falschen Illusionen zu konfrontieren, die dazu beigetragen haben, ihn aus der realen Welt zu entfernen. Der Depressive hat sich von seinem Lebensweg entfernt und kann nicht auf ein Gefühl der Sicherheit – Selbstvertrauen – bauen, das einem normalerweise immer wieder neu die Richtung im Leben weist.

Den Weg aus seinem bedrohlichen Zustand findet der Kranke in der Regel nicht allein. Ähnlich wie ein an Krebs Erkrankter benötigt er professionelle Hilfe. Das schmälert nicht die unterstützende Rolle, die Familie und Freunde spielen können. Aber nur der fachkundige Therapeut kann den richtigen Behandlungsweg einschlagen und dem Depressiven helfen, die Schritte zu gehen, die ihn aus seiner Krankheitsfalle herausführen können. Die Worte Depression und Krebs sind ein Überbegriff für sehr unterschiedliche Krankheiten, Stadien, Aussichten und Behandlungsmöglichkeiten. Es gibt nicht *den* Krebs und auch nicht *die* Depression, allerdings bekommt der an Krebs Erkrankte meist mehr Aufmerksamkeit als der unter Depressionen Leidende.

Erst das, was Mediziner als Differenzialdiagnose bezeichnen – die möglichst genaue Unterscheidung zwischen verschiedenen Krankheitsbildern –, ebnet den Weg zu einer genau durchdachten und Erfolg versprechenden Behandlung. So wie es nicht *die* Therapie gegen Krebs gibt, existiert nicht *eine einzige* richtige Behandlung gegen Depressionen. Depressionen sind ebenso wie Krebserkrankungen Gegenstand umfangreicher medizinischer Forschung. Zahlreiche Wissenschaftler auf der ganzen Welt bemühen sich, die Geheimnisse beider Krankheiten zu entschlüsseln. Ihre Arbeit an den unendlich vielen Mosaiksteinen des Wissens führt zu immer differenzierteren Kenntnissen und damit auch zum Verständnis zumindest von Teilaspekten der jeweiligen Krankheit.

Ebenso wie bei Krebserkrankungen sind die Ursachen von Depressionen bisher nur bruchstückhaft bekannt. Eine entscheidende Rolle bei Depressionen scheinen jedoch falsche Lebensillusionen zu spielen. Dann bedarf es einer ganz neuen, behutsamen Standortbestimmung im Leben, um sich von den Depressionen zu befreien. Die Illusionen müssen als solche entlarvt werden, gleichzeitig muss sich der Kranke auf seine

Ressourcen besinnen und versuchen, sie zu aktivieren. In diesem Stadium braucht das Ich von allen Seiten Unterstützung. Es beginnt der mühsame Weg, Körper und Seele wieder miteinander in Kontakt treten zu lassen, Schmerzen der Erkenntnis und erlebter Gefühle zuzulassen. Der Depressive kann sich nicht auf eine Heimat des Ichs verlassen, alle Brücken zur illusionistischen Vergangenheit sind abgebrochen und so mancher als traumatisch empfundene Lebenswunsch wird dabei wie eine der wichtigen Gliedmaßen amputiert. Aber langsam, ganz langsam stellen sich bei der Formung des neuen Ichs auch Erfolge ein – erste Erlebnisse hinterlassen den Eindruck von Freude, Zuversicht, Kraft und Perspektive. Der noch Kranke spürt, dass der würgende Griff der Depression nachlässt.

Auch wenn der Ausgang einer Depression letztlich offen bleibt – die Chancen, diese schwere, ängstigende und mitunter lebensbedrohliche Krankheit zu überwinden, sind für viele Erkrankte gut. Gewinnen kann dabei aber nur, wer sich letztlich für das Leben entscheidet, was genauso für an Krebs Erkrankte gilt.

Wird die Krankheit allmählich überwunden, tritt Lebensnormalität ein – eine Basis, von der aus sich das eigene Leben neu einrichten lässt, nicht mehr, aber auch nicht weniger. Wer das erkannt hat, wer nicht Lebensziel mit Lebensillusion verwechselt, wird auch nicht von Depressionen heimgesucht werden, im Gegenteil, ihm wird das Glück zuteil, ein selbstgefälliges Leben zu führen. Das Wort selbstgefällig habe ich mit Bedacht gewählt. Es meint nicht, ein Erheben über andere, sondern ein berechtigtes Gefallen am eigenen Selbst zu finden. Ich glaube heute fest, dass wir nur so wirklich glücklich werden können, Glück empfinden und auch Glück geben können. Nur dann sind wir mit der Schöpfung im Reinen, erfüllen wir unsere Lebensaufgabe. Wer sich der Religion nahe fühlt, wird ein solches Leben als gottgefällig beschreiben – was für mich nichts anderes bedeutet, als sein Dasein mit einer gelebten Ethik und den eigenen Vorstellungen in Einklang zu bringen, sich selbst zu dienen und dabei niemand anderem wissentlich zu schaden und wo möglich Gutes zu tun, also unserem Gewissen zu folgen, was nichts anderes bedeutet, als auf unsere Seelenstimme zu horchen – unterschiedliche Begriffe für ein und dasselbe Phänomen.

Im Folgenden möchte ich versuchen zu beschreiben, was eigentlich die Seele ist, wie ich sie als »Organ« erlebt habe und erlebe, um am Ende eine Antwort darauf zu geben, was nach meiner Einschätzung zur Deformierung der Seele, zum Abgleiten in die Illusion und damit zur Krankheit Depression führt. Daraus ergibt sich auch die Antwort, was aus der Depression herausführen kann.

Wenn ich heute gefragt werde, ob man einen (gesunden) Menschen mit 30, 40 oder 50 Jahren in seinem Lebensverlauf wirklich ändern kann, sage ich aus meiner beobachtenden Erfahrung heraus immer »ja«, aber eine Richtungsänderung ist höchstens in einem Winkel von zwei, maximal drei Grad möglich. Das entspricht übrigens dem Körpertemperaturspektrum über und unter den gesunden 36,5 Grad, in dem wir Menschen in der Lage sind zu leben. 2 Grad Differenz und wir sind schon ernsthaft krank! Beim Depressiven verhält sich die Situation anders – und das kann Mut machen. Einem einst Depressiven traue ich eine Änderung seines Lebenskurses sogar um 180° zu, und nicht nur das, ich bin heute davon überzeugt, dass er eine solche Kursänderung nicht nur irgendwann akzeptiert, sondern sie auch aus gewonnener Erkenntnis ganz selbstverständlich anstrebt. Der kleine Exkurs ist wichtig, weil der Lebensweg eines Depressiven meist sehr ungewöhnlich verläuft, wenn er seine Seele und damit sein wahres Ich erst einmal entdeckt hat.

Heute, nach vielen Jahren erlebter und bewältigter Depression weiß ich mit meiner Seele zu kommunizieren. Sie gleicht einer inneren Stimme, die zwar nicht antwortet oder mit mir in den Dialog tritt, die aber doch so etwas wie ein Nicken andeutet und mir den nötigen Mut und die Sicherheit gibt, das zu tun, worüber ich gerade noch im Zweifel war. Natürlich gibt es bei dieser inneren Zwiesprache keine letzte Sicherheit, aber doch die nötige Klarheit, um überhaupt in der gewählten Richtung aktiv werden zu wollen. Negiere ich dagegen die innere Stimme, negiere ich also meinen Lebensauftrag, um stattdessen verführerischen Illusionen zu folgen, kann sie plötzlich sehr eindringlich werden, indem sie mich über das Phänomen der depressiven Verstimmung mahnt, auf dem richtigen Weg zu bleiben. Inzwischen kenne ich diesen immer wiederkehrenden Ablauf gut, ich weiß vor allem, dass meine Seele immer da ist, immer über mich wacht. Manchmal spüre ich sie über Wochen und Monate überhaupt nicht, weil ich ganz selbstverständlich und ausreichend glücklich lebe. Und dann plötzlich meldet sie sich vehement, wenn ich das Gefühl habe, an einem gewissen Scheideweg zu stehen, der mir unaufschiebbar die eine oder die andere Richtung abverlangt. Das heißt ja nichts anderes, als dass sich die Lebens- und die Sinnfrage des eigenen Tuns stellt – und die duldet halt keinen langen Aufschub.

Das Leben mit der Depression ist unerträglich und ein Weiterleben mit den Illusionen unmöglich – und der Kranke weiß es genau. Es gibt nur einen Ausweg: sich der Krankheit zu stellen und sich auf den völlig offenen Ausgang einer Therapie einzulassen, offen im Sinne eines neuen Lebenskonzeptes, nicht im Sinne von Erfolg oder Misserfolg.

Die Eigendynamik vom »Krebs der Seele« ist zu brechen, Depressionen bedeuten nicht das Ende der Lebensträume – im Gegenteil. Aber sie bedeuten das Ende gefährlicher Illusionen.

Ich habe den beschriebenen Weg durch die Krankheit selber gehen müssen. Wer welchen Schuldanteil an meiner illusionären Lebenseinschätzung hatte, habe ich lange Zeit versucht herauszubekommen. Den einen Schuldigen gibt es nicht, aber einige für mein Leben wichtige Bezugspersonen hatten durchaus Vorteile davon, dass ich krank war. Sie haben mich über lange Lebensabschnitte manipuliert, um sich selbst zu schützen oder Gefahren von sich abzuwenden.

All das habe ich unter großen Schmerzen zuerst begreifen müssen, danach musste ich es überwinden und schließlich aus den Trümmern meines Lebens eine neue Heimat für mein Ich aufbauen. Ich habe damit das getan, wozu jeder andere Depressive auch in der Lage ist. Nein, ein Held war ich in all den Jahren nicht. Ich hätte mich viel früher wehren müssen, aber genau das konnte ich nicht. Und ohne meine in der Bilanz unverzichtbare Therapie hätte ich es auch nicht geschafft, mich zu wehren und irgendwann ich selbst zu werden. Am Ende ist es gelungen – nach über 20 Jahren Entbehrung, Krankheit und Therapie. Meinen Lebenskurs habe ich in dieser Zeit um 180° geändert – nur so konnte ich endlich ich selbst – und glücklich werden.

MEINE ERFAHRUNGEN
MIT DEPRESSIONEN

ODER: THERAPIEN,
THERAPIEN, THERAPIEN

Über zwanzig Jahre lang wurde mein Leben von Arzt- und Therapieterminen bestimmt. Allein der Zeitraum ist im Nachhinein ein Alptraum und muss jedem, der sein Leben im Zeichen der Depression neu ordnen will, als besonders entmutigend vorkommen. Das knappe Resümee meiner Therapien: schlechte, inkompetente Diagnosen, immer neue konzeptionslose Behandlungsversuche mit Medikamenten und Gesprächstherapien und schließlich falsche, Zeit raubende Behandlungen ohne vorher festgelegten Inhalt und Zeitrahmen. Eine auf den ersten Blick niederschmetternde Botschaft. Wie konnte das geschehen?

Heute kann ich nur noch lächeln über meine diversen Ärzte, weil sie so furchtbar inkompetent und doch von sich so überzeugt waren – im Habitus, in der Sprache, in der Art, wie sie sich darstellten und wichtig nahmen, bis hin zum Ambiente ihrer Praxis. Vor allem aber in der inszenierten Ausstrahlung, dass nur sie über die Innenansichten des Lebens anderer verfügten. Welche Anmaßung! Wirkliche Ruhe und Überlegenheit hat nur einer ausgestrahlt. Er hat mich am Ende zurück ins Leben begleitet. Das werde ich ihm immer danken.

Am Anfang wurde mir eine »vegetative Dystonie« bescheinigt – das sagte mir nichts, wurde nicht weiter erklärt und war der Beginn eines langen Irrweges. Dabei war das Krankheitsbild Depression bei mir schon damals eindeutig, wie es meine Tagebuchaufzeichnungen aus dieser Zeit belegen. Ich stand mit 17 am Anfang der Depression, war gefangen in meiner mir unerklärlichen Verzweiflung und suchte nur die mir vertraute frühere Normalität als durchschnittlich begabter Schüler.

Der Hausarzt, der mich über ein Jahr mit Beruhigungsmitteln und Angst lösenden Medikamenten behandelte, wollte sich seine Inkompetenz im Umgang mit meiner Krankheit nicht eingestehen und hielt mich in seiner Abhängigkeit. Wöchentliche Arztbesuche, kurze Gespräche, sinnfälliges Nicken und bedeutungsschwere Blicke sollten mich von seiner Kompetenz überzeugen. Nach einem ersten Selbstmordversuch, als er gezwungen war, mir gerade noch rechtzeitig den Magen auszupumpen, muss ich ihm doch unheimlich geworden sein. Schließlich war ich nun seinem Image als erfolgreicher Internist unseres Vorortes nicht länger dienlich, vielleicht sogar abträglich – er überwies mich daher sehr bald an den ehemaligen Chefarzt der heimischen Universitätsklinik und begründete den Schritt mit der Schwere meiner Krankheit, die er selbst immerhin über ein Jahr nicht in den Griff bekommen hatte.

Der weit über die Landesgrenzen bekannte Chefarzt trug einen berühmten Namen, hatte viele Künstler und Politiker behandelt und war über achtzig Jahre alt. Das hielt ihn keinesfalls davon ab, in seinem geschichtenumrankten Dienstzimmer der Universität weiter zu praktizieren. Er intensivierte erst einmal die medikamentöse Behandlung mit Beruhigungsmitteln und Antidepressiva, wobei das erste Gespräch, in dem er seine Diagnose formulierte, weniger als zehn Minuten dauerte. Dabei erzählte er mehr von sich, als sich Mühe zu geben, mich und meine Probleme kennen zu lernen. Mir war diese alte, immer leicht abwesend wirkende Kapazität irgendwie unheimlich und ich beschloss, die Besuche in der Universitätsklinik abzubrechen. Meine Eltern waren entrüstet, hatten sie sich doch von diesem berühmten Mann nicht nur eine Linderung meines Zustandes, sondern auch endgültige Heilung versprochen. Damals herrschte die Vorstellung eines unmittelbaren Kausalitätsprinzips von der Behandlung psychischer Krankheiten: Problem erkannt, Medikament verabreicht – nun hatte der Patient gesund zu werden. Wurde er es nicht, lag es weder am Medikament noch am Arzt. Der Patient funktioniert einfach nicht richtig!

Schließlich riet der bei uns weiter hoch geschätzte Hausarzt zu einer anderen medizinischen Kapazität, die zwar zwanzig Jahre jünger, dafür aber umso skurriler war. Der Mediziner empfing mich in seiner leicht abgenutzt wirkenden Praxis ohne Sprechstundenhilfe in einem großen Kontorhaus mit prominenter Adresse, aber ohne einen einzigen wartenden Patienten. Merkwürdig. Sein Sprechzimmer war düster und wurde von einem dunklen, übergroßen Schreibtisch dominiert. Hinter diesen ließ sich der übergewichtige Mann in einen voluminösen Sessel fallen, während ich auf einem einfachen Stuhl davor Platz nehmen musste. Als ich saß, zog er eine Schublade auf, nahm ein gläsernes Pendel heraus, das er vor meinem Kopf in eine ruhige Ausgangsstellung brachte, aus der heraus es erst kleine, dann größere kreisende Bewegungen auszuführen begann. Er schien sich auf diese Weise ein Bild meines Zustandes machen zu wollen, pendelte mich also aus und schwieg bedeutungsvoll. Nach wenigen Minuten bot er mir in einer gewissen geistigen Abwesenheit einen Termin zur ersten Sitzung in der kommenden Woche an. Was nach der ausgependelten Diagnose geschehen sollte, darüber machte er keine Andeutungen. Wieder einmal war ich Opfer, nicht Beteiligter des Geschehens.

Ich nahm den Zettel mit den Daten an mich und verließ leicht benommen die noch immer menschenleere Praxis. Wohin und an wen war ich hier geraten? Meinen Eltern erklärte ich, dass mir der Mann nicht nur äußerst unangenehm und unheimlich war, sondern dass ich auch das Gefühl hätte, in einer derartig verschrobenen ärztlichen Behandlung verrückt zu werden. Dieses Wort benutzte ich mit Bedacht, schließlich musste ich irgendwie glaubhaft machen, dass ich schon wieder einen neuen Arzt brauchte.

Es gab noch einige weitere Begegnungen dieser Art, eine skurriler als die andere. Alle ließen mich leider nur in meinem negativen Urteil über Psychiater und Psychologen sicherer werden: die verhuschte Professorin, die im Wohnzimmer praktizierte, eine andere Ärztin, die mangels eigener Praxisräume ihr Esszimmer für die Therapie nutzte, und ein mit unserer Familie befreundeter Psychologe, der sich die Behandlung selbstverständlich zutraute, aber von mir verlangte, auf jedwede Medikamente zu verzichten! Eine solche strikte Auffassung schien mir ideologisch begründet und so etwas wollte ich überhaupt nicht an mir ausprobieren lassen. Dass ein Psychologe keine Medikamente verschreiben durfte, wusste ich nicht, niemand klärte mich über die Zusammenhänge auf. Mit allem war mir in meiner Not nicht geholfen.

Ich war diesen Menschen erst einmal ausgeliefert, um mich aber dann doch sehr schnell wieder von ihnen zu verabschieden. Jedes vom Kranken als zweifelhaft, unglaubwürdig oder gar als Manipulation empfundene Signal sollte den Hilfesuchenden aufhorchen lassen und misstrauisch machen. Wenn sich das Gefühl einstellt, dass etwas nicht stimmt und es nicht um den Kranken und seine Krankheit geht, sondern um das Selbstdarstellungs- oder Verwirklichungsbedürfnis des Arztes, dann gibt es nur noch den schwierigen Weg der Klärung und Konfrontation oder das Absagen der Therapie. Durch Zuwarten wird die Situation nicht besser – auch ich bin aus jeder abgebrochenen oder gar nicht erst angefangenen Therapie letztlich schneller auf den richtigen Weg gekommen.

Auch wenn ich inzwischen einen reichen Erfahrungsschatz im Umgang mit Psychiatern hatte, war ich deshalb noch lange nicht auf dem Weg zur Genesung. Die nächste Behandlungsstation war wieder die Universitätsklinik, die inzwischen einen neuen, wesentlich jüngeren Chefarzt hatte. Der Professor trug ein markantes Brillengestell mit kreisrunden, schwarz eingefassten Gläsern, gleich einem Fernglas für den scharfen Blick ins Innere der Seele. Er empfing mich in seinem beeindruckend großen Arbeitszimmer, sah kurz auf meine Krankenakte und entschied, dass er mich nur behandeln könne, wenn ich mindestens sechs Wochen stationär aufgenommen und mit starken Medikamenten behandelt würde, wobei eine flankierende Gesprächstherapie von seinen Assistenten zusätzliche Linderung bringen würde. Überhaupt: Sechs Wochen seien das Minimum. Für eine erfolgreiche Behandlung müsste ich eher mit einem längeren Aufenthalt rechnen. Wie diese Schreckensnachricht auf mich wirkte, interessierte ihn offenbar nicht, auch ob eine so lange stationäre Behandlung in meinem Sinne war oder gar in meinen Lebensrhythmus passte, schien ihn kaum zu beschäftigen. Die Kapazität in Weiß hatte meine Zukunft festgelegt, ich, der Patient, sollte mich fügen. Ich lehnte also auch diesen Arzt, der nicht den geringsten Wert darauf legte, bei mir nur einen Hauch von Vertrauen zu wecken, nach dieser erschütternden Begegnung ab und weigerte mich, auch nur noch ein einziges Mal in die Universitätsklinik zurückzukehren. Ich bat meine Mutter, den Aufnahmetermin abzusagen. Das schien den Professor nicht sonderlich zu interessieren – es gab weder eine Rückfrage bei unserem Hausarzt, der mich überwiesen hatte, noch bei mir selbst – meine Krankenakte wanderte vermutlich direkt ins Archiv. Berührt hatte auch diesen Psychiater mein verzweifelter Zustand offenbar nicht. War ich vielleicht nicht krank genug, als Fall für eine Universitätsklinik zu uninteressant? Was war mit mir? Warum war ich so sicher in der Ablehnung meiner Ärzte, aber so erfolglos in der Zuwendung? War auch diese Haltung ein Teil meiner Krankheit?

Was sollte ich tun? Allein würde ich nicht gesund werden, das spürte ich deutlich. Aber ich brauchte einen Arzt, der mir half, der mich verstand, der mich gesund machen wollte. Also suchte ich weiter, nahm meine ganze Kraft zusammen, meine bisherigen Misserfolge zu verarbeiten und gleichzeitig die Lösung für mein Problem zu suchen.

Meine Last wurde in dieser Zeit noch schwerer, weil mich meine Eltern schon lange nicht mehr verstanden und meine gesamte Familie wie auch die meisten Freunde mir keine Unterstützung gaben. Ich wusste, dass ich krank war. Alle anderen allerdings glaubten mir meinen Zustand nicht recht, schließlich sah ich absolut gesund aus, musste nicht im Bett liegen, las, ging spazieren, aß und trank – was sollte ich auch anderes tun? Ich konnte mir kaum absichtlich ein Bein brechen, um als krank zu gelten.

Wieder wurde die Meinung von Kapazitäten eingeholt, wer mir denn weiterhelfen könne. Dieses Mal geriet ich an einen Professor, der zusammen mit seiner Frau in einem dunklen, verwunschenen Haus in unserer Nähe praktizierte. Ein unheimliches, vollkommen zugewachsenes Gemäuer, das mir schon beim ersten Besuch mehr als suspekt vorkam. In die Architektur der siebziger und achtziger Jahre war inzwischen das Licht eingezogen, die Bewohner, die in diesem Haus lebten und praktizierten, schienen es eher zu scheuen. In meiner Verzweiflung beschloss ich dennoch, es zumindest zu versuchen, dem Mann Vertrauen zu schenken und auf ihn zu setzen.

Damals, ich hatte die Schule inzwischen beendet und war zu Hause ausgezogen, stand die Lithiumtherapie bei Depressionen in hohem Ansehen – ich sollte mich ihr auch unterziehen. Als Vorteile wurden geringe Nebenwirkungen genannt, keine Abhängigkeit wie bei Beruhigungsmitteln, nur dass die Konzentration des Medikamentes im Blut wöchentlich kontrolliert werden musste, um die therapeutisch richtige Menge korrekt dosieren zu können, war eine etwas lästige, aber immerhin harmlose Begleiterscheinung. Dieses sich dann doch als tückisch herausstellende Medikament hatte nicht nur über Monate keine positive Wirkung, sondern den fatalen Nebeneffekt, dass ich mich in den Augen meiner Mitmenschen offenbar inzwischen zum Schwerstalkoholiker entwickelt hatte, dessen Hände schon morgens nach dem Aufstehen zu zittern begannen. Kurz: Ich konnte meine Feinmotorik und meine Muskeln nicht mehr einwandfrei kontrollieren, sondern zitterte ständig, wenn ich auch nur ein Wasserglas korrekt zum Mund führen wollte. Als Folge mied ich ab sofort Situationen, in denen ich mich durch mein Zittern outen würde, was mich zusätzlich in die Isolation führte. Irgendwann empfand ich auch diese Therapie als absurd und sagte meinem Arzt sehr deutlich, dass ich, wenn irgend möglich, sofort alle Medikamente absetzen möchte. Merkwürdigerweise stimmte er ganz selbstverständlich zu, so, als hätte ich nach Jahren der Behandlung die normalste Regung der Welt an den Tag gelegt.

Bis auf die Schlaf- und Beruhigungsmittel warf ich alle Medikamente weg. Ich hatte mir inzwischen einen Vorrat für den letzten Schritt angelegt und diesen gut gehütet. Ich sollte ihn viel früher benötigen als gedacht, nämlich schon in derselben Nacht. Ich konnte nicht einschlafen, wurde unruhig, hatte schreckliche Angstfantasien und das zunehmende Gefühl, dass ich immer wacher, immer aufgedrehter wurde. Eine Spirale, die nicht gut ausgehen würde, das merkte ich. Mir war plötzlich klar, dass ich medikamentenabhängig war! So mussten sich Süchtige fühlen, die dringend die nächste Dosis brauchten. Und ich gehörte dazu. In dieser Nacht halfen natürlich nur wieder Schlaf- und Beruhigungsmittel, aber diese so deutlich spürbare körperliche Abhängigkeit von meinen Medikamenten wollte ich nun schnellstens loswerden. Tag für Tag reduzierte ich die Dosis, versuchte möglichst lange wach zu bleiben, um dann, in natürlicher Müdigkeit irgendwann doch einzuschlafen. Ich hatte das Zittern des »Alkoholikers« überwunden, den panischen Zustand des »Süchtigen«, jetzt würden mir auch weitere Schritte gelingen!

Ich wartete nicht länger, dass andere mir Empfehlungen gaben, holte nicht länger den zweifelhaften Rat von Kapazitäten ein, sondern machte mich im Wortsinne selbst auf den Weg, den für mich richtigen Arzt zu finden.

Das Schicksal meinte es gut mit mir – ich hatte es aber auch ein wenig erzwungen: Ich fragte in meinem engeren Freundeskreis Mediziner – die waren natürlich alle längst berufstätig und in der Facharztausbildung –, ob sie nicht von einem jungen, kompetenten und auf Depressionen spezialisierten Kollegen wüssten, der mir vielleicht würde helfen können. Bald schon bekam ich die erhoffte Empfehlung.

Der junge Psychiater war allerdings an einem Bundeswehrkrankenhaus tätig, das ausgerechnet am anderen Ende der Stadt lag – eine Stunde von meiner Wohnung entfernt und die Therapie konnte nur morgens um 7.00 Uhr vor seinem Dienst stattfinden. Also wieder einmal keine »normalen« Bedingungen im Patienten-Arzt-Verhältnis, aber immerhin besser als die Wohnzimmertherapeuten. Als ich dann dem Psychiater zum ersten Mal begegnete, schwand jedoch alle Hoffnung. Ich hatte mich in den zurückliegenden Monaten ein wenig mit den Lehren Freuds beschäftigt und saß nun früh morgens bei unserem ersten Termin seinem physischen Ebenbild gegenüber – ein Freud-Verschnitt mit Bart, Freud-Brille, Freud-Habitus, Freud-Sprache. Das war zu viel. Aber am Ende unseres ersten Gespräches kam zumindest ein akzeptabler Vorschlag: Wir würden drei Sitzungen abhalten, danach würden wir beide entscheiden, ob wir die Behandlung und die gemeinsame Arbeit an meinen Problemen Erfolg versprechend einschätzen würden. Wenn nicht, würden wir die Behandlung abbrechen. Zum ersten Mal war ich in den Behandlungsprozess eingebunden!

Die folgenden Gespräche waren viel versprechend und ich blieb bei ihm. Über Jahre. Er wurde irgendwann zu meiner wirklich entscheidenden Bezugsperson. Seine starke Anlehnung an Freud – inhaltlich wie habituell – war akzeptabel, entscheidend war das Ergebnis der Sitzungen bei ihm. Das war positiv. Ich fand langsam ins Leben zurück, wurde selbstständiger und hoffnungsvoller.

Irgendwann, nach vielen Behandlungsjahren, lehnte meine private Krankenkasse plötzlich die Übernahme der Therapiekosten ab. Vermittlungsversuche meines Arztes waren erfolglos, die ambulante Behandlung sollte nicht länger bezahlt werden, gegen eine stationäre Therapie allerdings gab es keine Einwände, unabhängig von den Kosten und der Dauer der Behandlung. Das war zwar nicht besonders logisch, aber es gab keine andere Möglichkeit. Ich besprach die Situation ganz offen mit meinem Arzt und bat ihn, mich in eine Klinik an schönem Ort und mit guten sportlichen Einrichtungen zu überweisen, um mich sowohl physisch als auch mental wieder an einen normalen Alltagsrhythmus zu gewöhnen – ohne jede Medikamente. Mit dem Chefarzt der Klinik war abgesprochen, dass auf eine psychiatrische Behandlung verzichtet würde, allein der physische Wiederaufbau, Gewichtsreduzierung und umfängliche sportliche Aktivitäten standen auf dem Programm. Ein ungewöhnliches Behandlungskonzept – zugegeben. Aber es wirkte. Endlich kam ich wieder täglich mit Menschen zusammen, den Mitpatienten, dem Pflegepersonal und den Ärzten. Die Behandlungsfortschritte waren faszinierend: Ich nahm schnell ab, wurde schnell wieder fit und erreichte ebenso schnell meine alte Kompetenz im Umgang mit anderen Menschen zurück. Dieser Klinikaufenthalt, der mehr dem in einem Sanatorium glich, war der Anfang zu einem guten Ende. Neben der auch weiterhin notwendigen Gesprächstherapie hatte ich für mich ein sehr wirksames Remedium entdeckt, das keine negativen Nebenwirkungen hatte, nicht abhängig machte und doch immer dann, wenn ich Linderung meiner Traurigkeit und meiner Ängste brauchte, wie ein starkes Medikament half: Sport. Ich hatte in der Klinik nach anfänglichen Mühen und anfangs ohne jede Überzeugung und Leidenschaft mit dem Dauerlauf begonnen. Zuerst waren die Strecken kurz, am Ende meines Klinikaufenthaltes nach vier Wochen aber konnte ich ohne Pause am Stück leicht 5 000 Meter laufen. Ich benötigte dafür eine akzeptable Zeit. Auch das eine gute Erfahrung: konditionelle Defizite können überraschend schnell aufgearbeitet werden – auch im Alter von dreißig Jahren lassen sich noch erstaunliche und nachhaltige Trainingserfolge erzielen. Einen solchen physischen Sprung nach vorn in so kurzer Zeit hatte ich mir nicht vorstellen können, schon gar nicht die mich noch heute immer wieder begeisternde Wirkung meines eigenen Therapiekonzeptes »Laufen gegen die Angst« und »Laufen gegen die Niedergeschlagenheit« und vor allem »Laufen – gespeicherte Freude für den Tag«.

Ich hatte für mich den Dauerlauf als »Heilmittel« entdeckt. Seit über zwanzig Jahren laufe ich jetzt, wenn es geht, jeden Morgen. Das Laufen bedeutet für mich keine Anstrengung, es ist das reine Vergnügen, ein Geschenk, das ich mir jeden Tag mache und über das ich mich jeden Tag freue, zu jeder Jahreszeit, bei jedem Wetter. Vor allem aber ist jeder abgeschlossene Lauf der Beleg, dass ich meinen Tag selbst freudig in die Hand nehmen kann. Die Laufzeit ist mit zwanzig Minuten nicht zu lang, Umziehen und Duschen brauchen noch einmal fünf bis zehn Minuten – als Garantie für einen freudig angenommenen Tag kein allzu großer Aufwand.

Inzwischen war deutlich, dass ich auf dem Weg zurück ins Leben war. Aber mit welchen Wünschen, welchen Zielen und in welchem Beruf? In der Richtungsbestimmung meines weiteren Weges war die so genannte »Tagtraumtherapie« besonders hilfreich. Das Verfahren ist einfach: Der Patient liegt auf der Couch (Freud!) und der Therapeut gibt ein Stichwort vor, auf das der Patient assoziativ reagiert. Vor seinen geschlossenen Augen tauchen unerwartete Bilder aus der Vergangenheit auf, die mit dem Stichwort in irgendeiner Verbindung stehen, oder ganz neue »Traumbilder«, die sich auch zu Szenen oder kurzen Filmen im Kopf ausweiten können. Alle diese vollkommen unerwartet auftauchenden Bilder stehen in ganz engem Bezug zur eigenen Lebenssituation. Sie geben einem zwar keine direkten Empfehlungen, aber verdeutlichen doch die eigene Lebensposition – wenn man sie denn richtig deutet. Anfangs fiel es mir schwer, ganz ungehemmt auf diese aufsteigenden Bilder zu reagieren und meine Assoziationen zu formulieren, aber diese Scheu hatte ich bald überwunden und war dann immer wieder fasziniert von den Ergebnissen unserer Sitzungen. Sie glichen Positionsbestimmungen und halfen mir auch, mich auf meine Kompetenzen und Interessen zu besinnen.

Auch diese Therapiephase dauerte einige Jahre, aber ich konnte zwischenzeitlich immer wieder arbeiten, mich auf mein Studium konzentrieren und auch erste Brücken zu ganz anderen Arbeitsfeldern schlagen. In der Endphase meiner Therapie habe ich dann mein Studium endgültig aufgegeben. Auch das endlich ein bewusster Schritt, eine wichtige Entscheidung. Plötzlich wurden Kräfte frei, ich hatte die Last meiner vermeintlichen Lebensverpflichtung abgelegt, ich wurde endlich gesund. Die Therapietermine nahm ich ab sofort nur noch in großen Abständen wahr und tue das bis heute. Zwei Mal pro Jahr besuche ich meinen Psychiater, erzähle ihm von meinen Vorhaben, erkundige mich nach seinen Erfahrungen und Plänen in der Klinik und spüre dann immer sehr deutlich, dass sich unser Verhältnis von Patient zu Arzt zu einem von Freunden im Geiste verändert hat – wir sprechen als ebenbürtige Partner miteinander. Unsere gemeinsame Aufgabe ist nun erledigt, ich bin gesund und bedarf keiner fremden Hilfe mehr. Ein gutes Ergebnis, wenn auch nach vielen, vielen Jahren erbitterten Ringens.

Heute schaue ich auf diese Zeit distanziert zurück, wie auf ein gelungenes Experiment. Und ich weiß, wäre die Versuchsanordnung besser gewählt worden, wären die Hypothesen schärfer formuliert worden, wir hätten das Ergebnis viel früher erreicht, vielleicht mit noch größerem Erfolg. Es sollte nicht sein.

Was bleibt als Erfahrung, was als Resümee? Meine Erfahrungen mit der Depression habe ich versucht, in den einzelnen Kapiteln aufzuarbeiten. Sie lassen sich in den Forderungen nach präziser Diagnose, kompetenter und der Forderung nach zeitökonomischer Behandlung zusammenfassen. Als Resümee der über zwanzig Jahre während der Krankheit bleibt die Erkenntnis, dass ich meinen eigenen Lebensweg viel früher hätte selbst bestimmen müssen, weil es sich zeigt, dass heute all meine Anlagen, die in den letzten Schuljahren deutlich ausgeprägt und sichtbar waren, heute – viele Jahre später – geradezu kongruent in gelebtes Leben münden. Allerdings sieht dieses Leben vollkommen anders aus als das, welches ich mit meiner Ausbildungs- und Berufswahl selbst bestimmt hatte. Das ist die 180-Grad-Wende, die ich auch jedem anderen Depressiven am Ende seiner Therapie zutraue. Ein zweiter Rückblick gilt den Spätfolgen der Therapie. Neben dem sicheren Stand im Leben als positive Konsequenz meiner langjährigen Beschäftigung mit psychologischen Fragen und einem in dieser Zeit besonders entwickelten Sensorium für viele wichtige Fragen im Leben weiß ich auch um die Spätfolgen der Therapie, die sich immer wieder als ausgestreckte Fühler der Depression zu erkennen geben: der ausgeprägte Wunsch nach physischer und psychischer Sicherheit, eine permanente Aufmerksamkeit und Wachsamkeit möglichen Gefahren gegenüber und ein ausgeprägtes Helfersyndrom anderen Menschen gegenüber, bei denen ich die Gefahr der Depression wittere. Und schließlich der fast tägliche Wunsch nach Genuss – beim Essen, Trinken, in der Liebe, in der Naturwahrnehmung, im Umgang mit der Kunst und fast allen Verrichtungen des Alltages. Meine eigene Arbeit mache ich heute nicht mehr unbedingt nur zielgerichtet, nein, ich folge diszipliniert dem Genussprinzip in allem, was ich tue, und das mit einem mich zufrieden stellenden Ergebnis. Ich weiß, dass ich mich auf diese Weise nie bis zum Letzten verausgabe, habe immer noch reichlich Reserven – rutsche aber auch nicht mehr in die Illusion falscher Kompetenz ab. Ein Lebensergebnis, das ich nicht nur als »Opfer der Krankheit« akzeptiere, sondern das ich heute als Ergebnis der Selbstfindung und Bestimmung erfüllt lebe. Das zu schaffen war immer mein Ziel, auch in den dunkelsten Stunden. Es ist erreicht.

Dieses Glück möchte ich als Erfahrung weitergeben. Ja, mit Depressionen lässt sich leben, am Ende sogar gut. Aber ich gebe zu, auch ich konnte es mir nie wirklich vorstellen, je wieder gesund zu werden. Auch wenn die Stimme, die sehnsüchtig nach dem Leben rief, oft nur noch sehr schwach war, ich habe sie immer vernommen und mich auf sie eingelassen. Ich habe ihr auf rätselhafte Weise vertraut, heute kann ich mich auf sie verlassen. Das gibt mir die Kraft und die Zuversicht, die ich für mein Leben brauche. Von außen habe ich sie nie bekommen, aber immer sehnsüchtig erhofft – meine Welt der Illusionen. Ich habe sie überwunden. Ich lebe in der Realität und bin glücklich – sehr glücklich!

THERAPEUTEN HELFEN – NICHT THERAPIEN!

Warum solch eine provozierende Unterscheidung? Depressionen sind chronische Erkrankungen und damit also nicht durch eine einmalige therapeutische Intervention wie eine Blinddarmentzündung zu kurieren, sondern erfordern in der Regel eine lange, oft Jahre andauernde Behandlung. Das allein spricht schon für die Bedeutung des richtigen Therapeuten, denn es wird in der Regel ein langes und intensives Verhältnis zwischen ihm und dem Kranken daraus. Bei der Behandlung von Depressionen geht es sogar in erster Linie um das Verhältnis von Therapeut zu Patient und umgekehrt – die Wahl der geeigneten Therapieform lässt oft verschiedene Möglichkeiten zu. Es gibt zahlreiche Therapien der Depression, medikamentöse, psychotherapeutische oder Kombinationen aus beidem, die für sich allein jedoch dem Kranken wenig über den zu erwartenden Erfolg in seinem individuellen Fall aussagen. Wie aber findet der Depressive einen guten, verlässlichen Therapeuten und eine auf ihn ganz persönlich abgestimmte Therapie? Vor allem eine, die er für sich akzeptieren kann und von der er annehmen kann, dass sie Erfolg verspricht? Dafür gibt es kein Patentrezept, aber aus meiner eigenen Suche kann ich Erfahrungen formulieren, wie man diese höchst individuelle Wahl methodisch angehen kann, um die Chance zu erhöhen, ohne große Umwege einen geeigneten Therapeuten zu finden.

Wie verläuft eine solche Therapeutensuche üblicherweise? Der sich schon krank, schwach und mutlos fühlende Patient sucht in der Regel zuerst einmal seinen Hausarzt auf, der sich ein Bild vom Krankheitszustand des Patienten machen wird. Ist er mit Depressionen hinlänglich vertraut, wird er selbst versuchen, dem Patienten Linderung zu verschaffen. Spürt er, dass dieser kompetenter von einem Facharzt für Psychiatrie oder einem Psychologen betreut werden könnte, wird er ihn zu einem Kollegen der einen oder anderen Disziplin überweisen.

Diese erste Begegnung mit dem Arzt ist eine für den Kranken gesundheits- und lebensentscheidende Situation, in der die Weichen entweder für eine effektive oder eine sehr zeitraubende, diffuse Behandlung gestellt werden. Warum? Weil an dieser Stelle zwei Schwierigkeiten aufeinander treffen: Auf der einen Seite der Kranke, der sich seinen Zustand nur vage eingesteht und dem Arzt möglicherweise Informationen verschweigt, die geschilderte Beschwerden einer Depression zuordnen lassen, und auf der anderen Seite das Einfühlungsvermögen und die richtige diagnostische Nase des Hausarztes.

Der Depressive befindet sich in dieser Phase seiner ja erst beginnenden Behandlung in einer psychisch, physisch und mental äußerst schwierigen Situation. Er steht am Scheideweg: Gesteht er sich seinen Zustand als Krankheit ein oder versucht er, die Symptome, die er selbst nur schwer einordnen kann, auch weiter nur als temporäres Stimmungstief für sich zu verharmlosen oder gar zu verdrängen? Vielleicht sucht er seinen Hausarzt sogar nur wegen der körperlichen Begleitumstände einer Depression auf und versucht mit der ausschließlichen Schilderung von anhaltender Müdigkeit, Schlaflosigkeit, fehlendem Appetit oder gar Gewichtsverlust den Gedanken an eine psychische Erkrankung noch weitgehend zu verdrängen.

Wenn der Kranke jedoch in der Lage und bereit ist, seinem Arzt einen Einblick in seinen tatsächlichen inneren Zustand zu gewähren, muss ihm die Entscheidung deutlich machen, dass er schon zu diesem Zeitpunkt einer ganz wichtigen und äußerst kompetenten inneren Stimme gefolgt ist: seiner eigenen. Er wird sie im Verlauf der Behandlung noch oft befragen müssen. Und das sei vorweggenommen: Sie wird während einer erfolgreichen Behandlung immer stärker, immer kompetenter, immer eindeutiger. Vor allem wird sie verlässlich – ungetrübt und befreit von Illusionen. Sich auf dieses Abenteuer einzulassen wird am Ende wahrscheinlich mit der Beherrschung der Depression belohnt.

Ein langer Weg. Warum hatte er so lange gedauert, warum hatte ich so lange Zeit mit den unterschiedlichsten fruchtlosen Behandlungsversuchen zugebracht? Ich war einfach viele Jahre lang in therapeutische Vorschläge getappt, die sich langfristig nicht als hilfreich erwiesen, und hatte nicht den Mut und als Depressiver nicht die Entscheidungskraft, mich vehement neu zu orientieren, obwohl ich im Innersten immer schnell spürte, dass mir eine angebotene Therapie nicht gut tun würde. Die mich hemmende eigene Entscheidungsunfähigkeit muss ich heute mit verantwortlich machen, dass ich viele, zu viele Jahre mit der Behandlung meiner Depression als vornehmlichen Lebensinhalt zugebracht habe. Vielleicht hätten mir einige Ratschläge helfen können, schneller eine für meine Erkrankung helfende Behandlung zu finden.

Wichtigste Voraussetzung für eine straffe, effektive und erfolgreiche Therapie ist also die richtige Wahl des Arztes und Therapeuten. In seine Hände begibt sich ein Mensch, der zu diesem Zeitpunkt relativ wehrlos und in seiner Entscheidungsfindung eingeschränkt ist. Er hält an alten, ihn krank machenden Lebensmustern fest. Durch seine Krankheit fehlt ihm der Lebensmut zu zukunftsorientierten Plänen, er ist antriebsarm, lust- und ziellos in seinem Denken und Tun und er fühlt, dass er tatsächlich entscheidungsunfähig ist. Sein Ich ist äußerst verwundbar, sein Zutrauen allein auf Hoffnung gestützt. Erschwert wird die Situation, dass der Kranke in dieser ersten Behandlungsphase therapeutischen Empfehlungen oft gar nicht zugänglich ist. Noch hofft er doch, sein Leben allein gestalten, seine Depression mit leichter ärztlicher Unterstützung überwinden zu können.

Der Arzt oder Therapeut, dem sich der Kranke in dieser kritischen Situation anvertraut, sollte einige entscheidende Fragen zugewandt und konstruktiv beantworten: Hat er ausreichende Erfahrungen in der Behandlung von Depressionen? Kann er dem Patienten ein stimmiges Zeitkontingent pro Tag, Woche und Monat zur Verfügung stellen? Wie werden sein Behandlungskonzept und der zu erwartende Zeitrahmen bis zum Behandlungsende in etwa aussehen? Es gibt Ärzte und Psychologen, die sich in dieser Weise ungern befragen lassen. Ich habe erfahren, wer sich diesen drückendsten Fragen seiner Patienten jedoch stellt und sie nicht beiseite schiebt, beweist seine fachliche und menschliche Souveränität, die der Patient instinktiv als natürliche Autorität anerkennen wird. Der Kranke sollte aber auch wissen, dass seine Hilflosigkeit unter Umständen ausgenutzt wird. Deshalb ist es doppelt ratsam, immer wieder die vom Therapeuten vorgeschlagenen Behandlungsschritte zu hinterfragen, vielleicht auch mit Angehörigen oder Freunden zu besprechen, damit der Kranke nicht im Wortsinne auf Abwege gerät. Mitunter ist es hilfreich, die Zweitmeinung eines anderen Arztes einzuholen, wenn der Kranke in massive Zweifel über den ihm angebotenen Behandlungsweg gerät. Der Patient sollte immer nach dem Behandlungsansatz fragen, nach den Behandlungszielen und warum wann welcher therapeutische Schritt aus Sicht des Arztes notwendig ist. Ich weiß sehr wohl, welchen Mut und welche Kraft es braucht, sich diese Fragen selbst und dann auch noch der Autorität des Arztes zu stellen. Ein verantwortungsvoller Therapeut wird aber all diese Fragen zulassen und beantworten. Ein nachfragender Patient ist letzten Endes ein sehr viel interessanterer Patient als jemand, der kritiklos alles mit sich machen lässt. Es würde nicht verwundern, wenn ein solcher Patient auch bessere Chancen hat, schneller gesund zu werden.

Im Laufe einer Therapie kann es zur Aufarbeitung auch lange zurückliegender und für den Patienten sehr intimer Ereignisse kommen. Spürt er, dass es ihm sein Gegenüber schwer macht, über besonders drängende und subtile Fragen zu sprechen, oder ist er selbst im Umgang mit seiner Krankheit gehemmt, sollte er sich fragen, ob es an ihm selbst oder an der Person des Therapeuten liegt. Nicht jeder Arzt oder Psychologe muss uns sympathisch sein, aber der Patient muss das sichere Gefühl unbedingten Vertrauens haben. Es macht keinen Sinn, als Mann mit einer Therapeutin zu arbeiten, wenn man das Gefühl hat, sehr intime Lebensprobleme nur mit einem Mann besprechen zu können. Für Frauen gilt das sicher umgekehrt gleichermaßen.

Für all diese Fragen des Umganges zwischen Therapeut und Patient gibt es keine festen Regeln – nur die ungeschriebenen des Respektes, der Höflichkeit und menschlichen Gleichberechtigung, die wir auch sonst täglich anwenden. Allein die Schieflage des abhängigen Patienten vom dominierenden Therapeuten birgt unter Umständen die Problematik der Manipulation, ja der physischen und psychischen Abhängigkeit. Niemand hat das Recht, einen Hilfe suchenden und wehrlosen Patienten in dieser Weise abhängig zu machen, ihm Behandlungen aufzuzwingen, die dieser nach ausreichender Erklärung ausdrücklich nicht wünscht, sei es eine medikamentöse oder andere Form der Therapie.

Für den Kranken ist es hilfreich zu wissen, dass er auch in den Phasen der dunkelsten Depression sein Ich nicht gänzlich wehrlos macht. Der Erfolg seiner Behandlung hängt neben dem richtigen Therapeuten sehr stark von seinem eigenen Engagement ab, von seiner eingesetzten Kraft, seiner Vorsicht und seiner Bereitschaft, die Depression wirklich überwinden zu wollen. Dieses Anliegen ist nicht selbstverständlich – ist es doch oft sehr viel einfacher, das vertraute Lebensmuster eines Kranken als das eines Gesunden mit noch ungewissem Ausgang weiterzuleben. Deshalb darf sich der Kranke auch nicht wundern, wenn der verantwortungsvolle Therapeut auf eine solche, in der Behandlung kontraproduktive Haltung mit sehr deutlichen Worten reagiert und den Patienten an seinen Auftrag zum Gesundungswillen erinnert. Das heißt, der Patient muss therapiewillig und der Therapeut therapiebereit sein – nicht unbedingt eine Selbstverständlichkeit also. Jedes klare Wort ist im Umgang miteinander dabei hilfreich. Unter solchen Ausgangsbedingungen zwischen Patient und Therapeut ist ein Erfolg versprechender, gemeinsamer Behandlungsweg möglich. Dass es ihn gibt, habe ich selbst dankbar erfahren.

Freitod? Nein, Leben!

Ich lebe! Zwanzig Jahre tiefer Depression habe ich überlebt. Und ebenso lange lebe ich jetzt ohne jede Todessehnsucht. Damit ist der größte Schrecken der Krankheit gebannt. Mit den anderen Folgen kann ich gut umgehen, weil ich um die Gefahren der Depression weiß. An den Tod denke ich heute, weil ich älter werde. Das ist normal. Wer die Fünfzig erreicht hat, weiß, dass statistisch die erste Lebenshälfte weit überschritten ist. Solange man gesund ist und den biologischen Alterungsprozess nicht wirklich spürt, markiert diese Altersgrenze aber eher den Beginn einer wichtigen und hoffentlich lange andauernden Phase aus gleichzeitiger Aktivität und Reflexion.

Angst habe ich vor dem Tod nicht. Das sagt sich leicht, wenn man nicht durch eine schwere Krankheit bedroht ist. Aber dass ich auch in Zeiten der Niedergeschlagenheit, wenn mir Dinge, die ich gern erreichen wollte, nicht gelungen sind oder ich grundlos traurig oder erschöpft war, nie wieder an den Tod als letzte Lösung gedacht habe – nie wieder! –, das beruhigt mich heute sehr. Dieses Merkmal der Krankheit habe ich hoffentlich dauerhaft überwunden.

Keiner meiner engen Freunde, die mich während meiner Depression erlebten, und keiner meiner Professoren, die durch großzügig ausgelegte Studienordnungen meine Lebensumstände zu erleichtern versuchten, glaubten damals daran, dass ich einen Weg aus der Depression finden würde.

Ich dachte beinahe täglich an den Tod und beschäftigte mich dauernd mit ihm, hoffend, dass er auf diese Weise nicht eintritt. Bei befreundeten Medizinern lenkte ich so manches

Mal das Gespräch auf dieses Thema, um ihnen einen Medikamentenmix zu entlocken, der mir sicher und schmerzfrei den Tod bringen würde. Erfolglos. Zu Hause suchte ich nach Schlaftabletten und sammmelte die tatsächlich gefundenen nach und nach an. Aber würden zehn, zwanzig reichen? Meine Eltern nahmen keine starken Schlafmittel, also war die Aussicht auf Erfolg gering. Und die frei im Handel erhältlichen waren nicht tödlich. Immer wieder spielte ich alle möglichen Todesarten durch. Ich hatte mir die Hochhäuser in der Nähe angesehen, auf dem Weg zu meinem Arzt die einzeln stehenden dicke Bäume an der Landstraße gemerkt, hatte stets die gut erreichbaren Zuggleise im Kopf und wusste auch, dass mein Hanfspringseil mich notfalls halten würde, wenn ich es am Dachgebälk befestigen würde. Eine Waffe hatten wir nicht und wie ich unauffällig eine beschaffen könnte, wusste ich auch nicht. Ein schneller und schmerzloser Tod war mir offensichtlich nicht möglich.

Wer aus dem Leben gehen will, muss Gewalt anwenden. Gewalt, schreckliche Gewalt gegen sich selbst. Schon das Wort Freitod ist irreführend und verharmlosend. Die Entscheidung zum Tod ist nicht frei und wenn sie es aus wohl überlegtem Kalkül auch wäre, so bleibt der Weg in den Tod doch grausam. Der Depressive sucht im Tod Erlösung. Die ist ihm nur nach großen Qualen erlaubt. Ich habe daher uneingeschränkten Respekt vor Menschen, die ihrem Dasein auf Erden in einer aussichtslos erscheinenden Lebenssituation ein Ende setzen. Ich kenne Menschen, die in Würde mithilfe anderer aus dem Leben gehen durften. Sie waren schwerstkrank, wussten, dass sie in Kürze unter großen Schmerzen sterben würden, und haben daher im benachbarten Ausland Hilfe zur Selbsttötung gesucht. Sie hatten ihre engsten Verwandten an ihrer Seite, konnten Abschied nehmen und den Zeitpunkt ihres Todes selbst wählen – ohne äußeren Druck, nur noch sich selbst gegenüber verantwortlich und mit der ausdrücklichen, liebevollen Zustimmung ihrer Nächsten, die dem Todgeweihten das Schlimmste, was ihm bevorstand, ersparen wollten.

Die ethische Frage, ob wir den Zeitpunkt unseres Tod selbst wählen dürfen, hat unsere christliche Religion klar mit einem Nein beantwortet. Ob wir uns an dieses Verbot zu halten haben, muss jeder selbst verantworten und mit seinem Gewissen vereinbaren. Hierüber zu moralisieren halte ich gegenüber Menschen, die in einer für sie aussichtslosen Lage sind, für unangemessen. Diese schwerste Entscheidung muss jedem selbst vorbehalten bleiben. Auch ich habe mir in meinen dunklen Stunden den Tod nicht aus ethischen oder religiösen Gründen versagt. Nein, bei mir waren es in erster Linie ein Mangel an Gelegenheit und die Angst vor einem grausamen Ende. Aber um es ganz deutlich zu sagen: Mangelnde Gelegenheit oder besondere Erschwernisse halten niemanden ab, diesen Schritt zu tun – niemanden. Die nüchternen Statistiken psychiatrischer Kliniken belegen es.

Ich lebe. Was hat mich vom Sterbenwollen abgehalten? Es war in erster Linie die stets ausgestreckte Hand meines Arztes. Nicht die meiner Nächsten. Ich habe ihm vertraut und er mir. Sein Vertrauen, dass ich mich nicht aus dem Fenster seines Krankenhauses im achten Stock stürzen würde, hat er mir nicht aufgezwungen im Sinne eines Paktes. Er hat vielmehr diese letzte Entscheidung mir überlassen, weil er um die unerträgliche Tiefe meines Schmerzes wusste. Aber beim Hinausgehen aus dem Behandlungszimmer, an dem Tag, als mein Entschluss feststand, lag in seinen Augen die unmissverständliche Botschaft, dass er mir zwar nicht im Augenblick, aber irgendwann, vielleicht bald, doch weiterhelfen können würde. Darüber hinaus war in seinem Blick der Schmerz zu lesen, den er empfinden würde, wenn er mich zerschmettert im betonierten Hof des Krankenhauses identifizieren müsste. Ich wusste, dass er sich diesen Schmerz im Angesicht meines Leides auferlegen musste. Er hatte kein Recht, mich durch irgendwelche Zwangsmaßnahmen von meiner Entscheidung abzuhalten. Seine Botschaft war eindeutig.

Dieses uneingeschränkte Vertrauen hat mich am Leben gehalten. Es war das Vertrauen in mich, das Zutrauen, das er mir entgegenbrachte, und das Offenbaren, dass er nicht im Augenblick, aber sicher irgendwann später einen Weg finden würde, mir aus der Depression herauszuhelfen. Darin hatte ich ihn richtig verstanden: Er stand meiner Depression in dieser Phase vollkommen hilflos gegenüber. Er hat nichts beschönigt, nichts in Aussicht gestellt – aber er hat mir seine Hilfe angeboten. Auf diese entwaffnend ehrliche Weise hat er mir seine Hilflosigkeit eingestanden. Gleichzeitig war er an meiner Seite, ohne auch nur im Geringsten die Hoffnung aufgegeben zu haben, mir doch irgendwie helfen zu können. Noch hatte er den Schlüssel zu meiner Seele nicht gefunden, und der Heuhaufen war groß, in dem zu suchen er sich auch in dieser Minute anschickte. Er war bei mir und mir ganz nah, mit ebenso leeren Händen wie ich. In seinem Blick lag eine unerschütterliche Zuversicht, dass wir es schaffen würden, ich und er, zusammen. Ich wusste, dass er sehr religiös war – aber das war seine Privatsache, die er niemandem aufnötigte.

Ich habe mich von seiner Zuversicht anstecken lassen. Von diesem Moment an wusste ich, dass mir irgendwann und irgendwie zu helfen war und dass ich mir in erster Linie selbst helfen musste. Ich war bereit zu warten und zu handeln. Der Hang zum Leben war auf einmal stärker als der zum Tod.

All das, betrachtet man es im Nachhinein, war mehr als unspektakulär. Mein Arzt hatte nicht das ultimative Medikament eingesetzt, mich nicht unter dramatischen Bedingungen in eine Zwangsjacke gesteckt, um mich am Springen zu hindern, er hat mich nicht sediert oder gar die Magie bemüht.

Vielmehr hat er in diesem für ihn unvorhersehbaren Moment, der für mich über Leben und Tod entschied, etwas getan, das so nahe lag: Er hat mich mit seinen freundlichen Augen um mein Leben gebeten. Ich sollte es nicht wegwerfen. Es war zu kostbar. In diesem alles entscheidenden Moment spürte ich es zum ersten Mal auch wieder. Das war die Wende. Keinen Tag danach in meinem jetzt schon fünfzehn Jahre andauernden Leben nach der Depression möchte ich missen. Ich wurde unter vielen Mühen endlich gesund, ich habe im richtigen Moment die richtige Frau getroffen, spürte, wie sehr ich ihr auf unerklärliche Weise zugetan war. Ganz behutsam, nicht im Rausch der Verliebtheit oder der übergroßen erotischen Attraktion haben wir uns angenähert. Und plötzlich erwarteten wir ein Kind – unverheiratet.

Ich hatte ihr viel von meiner Krankheit erzählt und dass ich aus diesem Grunde nie auch nur an Kinder gedacht habe. Ich wollte sie nicht mit einem kranken Vater belasten. Plötzlich war alles anders. Ihren fragenden Blick, ob ich sie möglicherweise mit Zurückhaltung oder gar Vorwurf bedenken würde, habe ich mit dem glücklichsten Blick der Vorfreude auf unser gemeinsames Kind beantwortet. Inzwischen haben wir zwei Kinder, vier und sieben Jahre alt – und ich hätte gern noch mehr. Eine derart umfängliche Wende in meinem Leben hat sich niemand auch nur im Ansatz vorstellen können: ich nicht, meine Freunde nicht, mein Arzt nicht. Wäre sie nicht eingetreten, wäre ich sicher schon lange nicht mehr am Leben. Zu fest war damals mein Entschluss, die Qualen der Depression nicht länger ertragen zu wollen.

Das große Bündel der Lebensmöglichkeiten, das mir noch geschenkt wurde, verdanke ich einem winzigen Moment in meinem Leben. Ich kann es nicht garantieren, aber ich spüre eine ganz tiefe Zuversicht, dass es aus den Tiefen der Depression – fast – immer einen Ausweg gibt. Mein Erlebnis ist natürlich kein Rezept, aber es zeigt, dass es irgendwo eine solche Rezeptur gibt. Vor allem darf man sie für sich selbst nicht ausschließen.

Warum wir plötzlich depressiv werden, ist ebenso wenig festzumachen wie das erste Entarten einer gesunden Zelle zur Krebszelle. Es bleibt vorerst ein Lebensgeheimnis. Aber warum wir depressiv sind, das lässt sich festmachen – ebenso wie die Krebserkrankung im Tumormarker nachzuweisen ist oder unter der Hand des Chirurgen zutage tritt. In dieser Phase der unmittelbaren Konfrontation mit der Krankheit entscheidet sich viel über ihren Ausgang. Die Botschaft »Krebs« löst automatisch Alarm aus. So sollte es bei der Depression auch sein. Nur dann haben wir die Chance auf Leben – kein Warten auf den Tod, nein, Leben!

KRANK IN VIEL VERSPRECHENDEN JAHREN

Ausbildung bedeutet Zukunftsvorbereitung und da ist Krankheit, jeder Ausfall, mehr als hinderlich. Körperliche Krankheiten können auch einen jungen Menschen treffen, dank moderner Medizin stellen die geläufigsten jedoch keinerlei ernste Gefährdung mehr dar und der Heilungsverlauf bei Blinddarmentfernung oder Mandeloperation ist abschätzbar. Anders die schleichend einsetzende Depression. Sie ist in ihrem Erscheinungsbild äußerst diffus und es ist kaum zu verstehen, warum das eigene Ich ihr plötzlich so ausgeliefert ist.

War die Schule noch fördernd-forderndes und stützendes Korsett zugleich, noch wesentlicher Teil einer weitgehend fremdbestimmten Erziehung, so beginnt nach dem eigentlichen Schulabschluss für viele ein ganz neuer, in der Qualität gänzlich anderer Lebensabschnitt: die Zukunftsplanung in eigener Verantwortung. In dieser Verantwortung für den persönlichen Lebens- oder Scheideweg mag das Potenzial liegen, das bei einem dafür prädestinierten jungen Menschen eine Depression auslöst. Im Alter von 14 bis 16 Jahren beginnen wir unsere Lebensperspektiven und Vorstellungen von der eigenen Position in der Gesellschaft zu formen. Viele dieser Vorstellungen sind durch das Elternhaus oder andere Vorbilder tradiert, manche bereits selbst entwickelt oder durch eindeutige Begabungen in die Zukunft projizierbar.

Was aber geschieht, wenn die erträumten Lebensperspektiven nicht mit dem Potenzial der eigenen Fähigkeiten übereinstimmen? Die meisten werden als Träumerei abgelegt und der eigene Lebensweg wendet sich geradlinig oder mäandernd einem geeigneteren Gebiet zu. Andererseits können sich erträumte Perspektiven bereits in jungen Jahren zu einer festen und mitunter starren Vorstellung von sich selbst und seinem Lebensweg verhärten. Ein starkes Ich kann daraus den Ansporn für ein unerreichbar scheinendes Ziel schöpfen. Wenn aber Illusionen und nicht reale Fähigkeiten die Lebensausrichtung bestimmen, wird der junge Mensch an diesem wichtigen Scheideweg, dessen Aufgabelung die eine oder andere Wahl im Ausbildungs- und Berufsleben fordert, möglicherweise den falschen Weg einschlagen. Selbstverantwortung ist hier das Stichwort oder auch Lebensfähigkeit.

Nicht jedem ist diese Lebensfähigkeit so einfach mitgegeben worden, auch wenn sie natürlich den Normalfall darstellt. Das heimatlose Ich, das über den Umweg der Lebensillusionen eine Daseinskompetenz und Anerkennung erreichen will, kann dadurch auf einen bedrohenden Irrweg geraten, der nur unter Lebensgefahr wieder zu verlassen ist. So leicht und selbstverständlich, wie sich dies in der Beschreibung darstellt, so klar ist es natürlich für den Betroffenen in der eigenen Wahrnehmung nicht – sonst könnte man eine durch Lebensillusionen ausgelöste Depression ebenso verharmlosen wie eine unbeabsichtigte Verkühlung mit anschließendem Schnupfen.

Mein Lebensweg zeigt aus der heutigen Sicht eine eindeutige Linearität des Geschehens, das in der jeweiligen Lebenssituation aber durchaus diffus verlief. Mit siebzehn erkrankte ich erstmals an Depressionen, weil mein anfälliges Ich keinen Weg gefunden hatte, die für mich seelisch lebensnotwendige Zuneigung meines Vaters zu erringen. Nach dem Abitur begann ich mit dem Studium der Betriebswirtschaftslehre. Denn nun hoffte ich, als erfolgreicher Kaufmann der Familientradition meines Vaters und Großvaters folgend, mir eine Chance auf die mir sonst nicht ausreichend zuteil werdende Anerkennung der Familie zu sichern. Begeisterung trieb mich keinesfalls, nur der Wunsch nach Zuneigung und Anerkennung. Mein Herz schlug nämlich eher auf der künstlerischen Seite, die jedoch in der Familie bis auf einige freundliche Worte für manche Jugendzeichnung keine weitere Resonanz fand. Auf mich selbst gestellt konnte ich diesen Weg aber auch nicht beschreiten, denn dazu fehlte die reale Begabung, die mich als imaginierter Künstler auch würde überleben lassen. Hier die Illusion, durch die Berufswahl als erfolgreicher Manager meine Familie für mich gewinnen zu können, da die Illusion einer Schaffenspotenz, die in der Wirklichkeit nicht vorhanden war – ich stand als Zwanzigjähriger mit einem Bündel an Lebensillusionen und am Ende in der Realität mit nichts in Händen da.

Ich befand mich kurz vor dem Vordiplom, zu dem ich einen Vortrag vor großem Studentenauditorium zu halten hatte. Inhaltlich hatte ich mein Konzept fertig und begann es auszuformulieren, als ich eines Tages spürte, dass mir die Stimme den Dienst versagte: Ich begann zu stottern, bekam schließlich kein Wort mehr heraus. An den erfolgreichen Abschluss des Vortrags war mit einer solchen Behinderung natürlich nicht zu denken. Warum konnte ich plötzlich nicht mehr sprechen?

Heute verstehe ich diese extreme körperliche Reaktion als geradezu kongruentes Abbild meiner damaligen Gesamtbefindlichkeit: Ich hatte innerlich nichts zu sagen, also konnte ich nicht reden. Mir hätte längst klar werden müssen, dass ich als Kaufmann eigentlich gar nicht arbeiten und leben wollte und dass ich auch mit dieser Entscheidung mein inneres Dürsten nach Anerkennung nicht stillen konnte. Ich lebte ohne wirkliches Engagement vor mich hin – in Illusionen eben. Meine Krankheit kam zu einem ersten schrecklichen Höhepunkt.

Schließlich versuchte ich ein zweites Studium an einer anderen Hochschule in einer anderen Stadt und hoffte, nun wenigstens eine vermeintlich gelungene Verbindung aus Kommerz und Kunst, also einen Kompromiss gefunden zu haben. Auch auf diese ungeliebte Ausbildung reagierte ich schon bald heftig körperlich: mit bleierner Müdigkeit während der Vorlesungen, mit Ängsten auf dem Weg zur Hochschule und mit noch größeren Ängsten – vor allem Versagensängsten – im Gebäude selbst. Meine unmittelbaren studentischen Leistungen waren überdurchschnittlich gut, gaben also keinen wirklichen Anlass zur Besorgnis.

Nach dem Studienwechsel hatte ich zunächst einmal Erleichterung verspürt und fühlte mich von einer drückenden Last befreit. Mit ebendieser Last sah ich mich jetzt wieder konfrontiert – auch das neue Studium war für mich im Wortsinne aussichtslos, also brach ich es wiederum ab. Inzwischen war ich 27 und die meisten meiner Freunde hatten bereits die ersten Stufen auf der persönlichen Karriereleiter erklommen, einige waren schon verheiratet. Wie weit war ich von alldem entfernt – ohne Ausbildung und unter schweren Depressionen leidend. Was meine beruflichen Ziele anging, ängstigte mich meine bisherige Lebensbilanz mehr und mehr. Was sollte aus mir werden?

Meine Startfantasien ins Leben hatten sich als tückische Illusionen entlarvt. Wenn, dann müsste ich wieder bei null anfangen, also mit einem Zeitdefizit von fast einem Jahrzehnt meinen Freunden gegenüber – unvorstellbar. Zum ersten Mal ergab die Bilanz ein klares Bild meines Lebens – mit niederschmetterndem Ergebnis. Ich schwankte zwischen Lebensverneinung, Todessehnsucht und dem Wunsch, mich beweisen zu wollen. Bei all diesem zermürbenden Abwägen gab es den dominanten Anteil einer eindeutigen Depression und den ebenso eindeutigen bilanzierenden Anteil, also eine streng rationale Reaktion auf meine wenig hoffnungsvolle Zukunft. Nach den Maßstäben meiner illusionären Welt hatte ich komplett versagt, hatte mein Leben geradezu verwirkt. Aber waren diese Maßstäbe, die ich ja nur entliehen, nicht selber aufgestellt hatte, eigentlich für mich überhaupt noch gültig? Musste ich mich nicht selbst mit ganz anderen Maßstäben messen und messen lassen?

Als ich in diese im Wortsinne lebensentscheidende Phase geriet, unterschied man streng zwischen einer reaktiven und einer endogenen Depression. Beide Begriffe geben vor, die Krankheit einem jeweiligen Auslöser zuordnen zu können. Die Medizin mochte und mag ihre Gründe für diese Art von Unterscheidung haben, ich stieß mich immer an dem scheinbaren Qualitätsunterschied, nämlich einer bilanzierenden Reaktion auf der einen und einer genetischen Anlage auf der anderen Seite. Üblicherweise reagieren wir sowohl emotional als auch intellektuell auf ein Ereignis, bringen diese beiden Pole in Deckung und stellen uns damit auf eine neue, häufig unerwartete Lebenssituation ein – mit oder ohne Erfolg. Überwiegt eine der beiden Verhaltensweisen, dann hat ein Mensch ein Geschehen entweder »gut weggesteckt« oder aber er »kann etwas einfach nicht verkraften«. Der depressive Anteil eines solchen Reaktionsmusters ist schwer abzuschätzen, der einer so genannten endogenen Depression aber genauso. Dennoch wurde mir immer vermittelt, dass man eine reaktive Depression lediglich als Überreaktion normaler seelischer Abläufe sehen muss und also auch leichter beeinflussen kann. Der Stempel einer endogenen Depression jedoch bedeutete schicksalhaftes Ausgeliefertsein, ohne die Möglichkeit, das krankhafte Geschehen als Betroffener in irgendeiner Weise beeinflussen zu können. Die Einschätzung der Mediziner ist heute viel differenzierter, wissen doch die Depressionsforscher inzwischen mehr um die vielen Schattierungen und Mischformen dieser Krankheit. Auf meine persönlichen Erfahrungen blickend, habe ich Depression immer als die Vermischung der beiden Komponenten von Veranlagung und Lebensbilanzierung erlebt. Bis heute betrachte ich so den Krankheitsgehalt meiner Depression.

Ich erlebe Depressionen weitenteils als die Folge einer temporären und ganzheitlichen Bilanz, der Konfrontation zwischen Lebensanalyse und Illusionen. Ist das Ergebnis nicht ausgeglichen, rutschen wir bei entsprechender persönlicher Disposition in die Depression – mit der Folge, dass sich unser Gemüt oder die Seele eintrübt. Der Effekt dieser diffusen Eintrübung führt dann zu einer massiven körperlichen Reaktion, die von Apathie über Seinsängste bis hin zur Orientierungslosigkeit reichen kann: Der Depressive irrt heimatlos durchs Leben. Auf der einen Seite die sich als nicht lebensfähig erweisenden Illusionen, auf der anderen das geistig und körperliche Ausgeliefertsein einer Lebensforderung gegenüber, die der Kranke zu leisten sich nicht imstande fühlt.

Das für den Kranken und seine Therapeuten so unscharfe Bild dieser Krankheit mit ihren sowohl bilanzierenden als auch ganz körpereigenen Reaktionen macht es so schwer, zwischen tatsächlicher Krankheit, schwer bedrohender Krankheit und offensichtlich übersteigertem Verhalten auf eine für andere ganz normale Situation zu unterscheiden. Über die Schwere der Krankheit entscheidet maßgeblich der Patient, denn er empfindet die Lebensbedrohung und den nicht selten auf den Tod angelegten Ausgang. Daher sollte man dem subjektiven Empfinden eines Depressiven viel mehr Glauben schenken als der Zuweisung in die Schubladen reaktiver oder endogener Depression.

Was bedeutet all das für den, der in der zukunftsrelevanten Phase seines Lebens an Depressionen erkrankt? Für mich habe ich die Depression inzwischen als persönlichkeitseigenes Alarmsystem begriffen. Krankheit also als körperliche Symptomatik, als Reaktion auf ein Auseinanderdriften zwischen eigener Realität und persönlicher Illusion. Realität ist dabei keine absolute, sondern stellt sich als Funktion persönlicher Lebensführung dar. Wer dreißig Kilo abgenommen hat und nach längerem Training 5 000 Meter wieder unter zwanzig Minuten läuft, kann berechtigt stolz auf sich sein. Wer sich dagegen einer kompetitiven Sportlerlaufbahn verschrieben hat, den lässt nach einer Verletzungspause die gleiche Zeit erst einmal verzweifeln. Die Bilanz ist die in Minuten gemessene Zeit, ihre Relativierung auf das eigene Leben bedingt dagegen die Qualität der emotionalen Reaktion. Eine Ausprägung unserer seelischen Reaktion kann die Depression sein, wobei der Schweregrad in unmittelbarer Korrelation entweder zur Bedeutung des Ereignisses für das eigene Leben oder auch nur zu seiner inneren Einschätzung und Bewertung steht. Diesen Zusammenhang sollte sich, wer in der Ausbildung an Depressionen erkrankt, vor Augen führen und die Fragen stellen: Warum werde ich gerade jetzt von einer Depression bedroht? Warum kann ich plötzlich dieses oder jenes nicht mehr? Wo sind die Ressourcen, auf die ich mich verlassen kann, die mich am Leben halten? Ein solches eigenes Gedankenraster kann helfen, dem Arzt die Diagnose zu erleichtern, den Blick für die Krankheit zu schärfen und später die eigene Lebensposition vermutlich neu zu bestimmen.

Damit gleicht die Depression einem irgendwo in der zerklüfteten Bergwelt des Lebens stehenden Wegweiser, dessen Richtungsanzeige aber abgebrochen am Boden liegt. Klar ist in der Situation des Lebenswanderers, dass er sich auf einem ausgewiesenen, also gangbaren Weg befindet – nur die Richtung weiß er nicht. Eine gute Therapie kann in einer solchen Lebensphase Karte und Kompass ersetzen – wandern muss am Ende jeder selbst (wie übrigens nach jeder überstandenen, einschneidenden Krankheit).

Und die Liebe?

Für einen an Krebs Erkrankten ist die Diagnose meist niederschmetternd, oft wenig hoffnungsvoll, aber immer eindeutig. Beim »Krebs der Seele« ist es anders. Hier gibt es keine über Jahrzehnte verifizierte Klassifizierung dieser Krankheit, keine griffigen Statistiken über den Erfolg oder Misserfolg einer auf eine klare Diagnose abgestimmten Therapie, aus der der Betroffene zumindest seine statistische Genesungswahrscheinlichkeit ableiten könnte. Da das Krankheitsbild der Depression äußerst vielschichtig ist, wird es so etwas wohl auch auf absehbare Zeit trotz aller Ernsthaftigkeit und Erfolge der Depressionsforschung nicht geben können.

Dennoch sollten sich Patient und Arzt trotz aller Unsicherheiten auf eine Einschätzung der individuellen Krankheit festzulegen versuchen, ihre Schwere deutlich machen, einen klaren Behandlungsplan aufstellen und den voraussichtlich notwendigen Zeitrahmen beschreiben, in dem die geplante Behandlung ein Stadium erreicht haben wird, das dem Patienten Hoffnung auf ein Weiterleben in begrenzter Normalität erlaubt. Warum diese Forderung? Weil sie mit aller Einschränkung zuerst einmal Klarheit schafft. Für den Patienten, aber ebenso auch für den Lebenspartner und die Angehörigen. Und dies ist wichtig vor allem auch für die Liebe. Sicherlich hat nicht jeder das Glück einer großen Liebe. Aber wer sie besitzt, kann ihrer als Kranker nicht automatisch und auf Dauer sicher sein.

Liebe in Zeiten der Depression steht unter demselben bedrohlichen Vorzeichen wie Liebe unter dem Damoklesschwert Krebs. Das kann man nicht deutlich genug sagen. Jede Verharmlosung der Krankheit, jede unklare Diagnose bürdet dem

Kranken Qualen der Unsicherheit auf, die auch für den Partner und Angehörige schwer zu ertragen sind. Der Depressive befindet sich häufig in einer vollkommen diffusen Situation und ohne eine klare Diagnose, ohne realistische Einschätzung seines Zustandes von außen, in einer permanenten Lauerstellung. Er muss nicht nur selbst eine angemessene Haltung zu seiner Krankheit finden, er muss diese Haltung auch noch anderen vermitteln, sich erklären und im schlimmsten Fall die innere Hoffnungslosigkeit seiner Situation demonstrieren. Manchmal kommt es dann zu einem ersten anklagenden Selbsttötungsversuch, der lediglich die Krankheit in ihrer Schwere, ihrer Last und Bedrohung eindringlich zu verdeutlichen sucht. Die Vorstufe zu einem solch drastischen und leider oft tödlich verlaufenden Schritt sind Äußerungen wie »Ich kann nicht mehr« oder »Ich will nicht mehr«. Die Last der Hoffnungslosigkeit scheint zu groß. Und sie ist es für den Kranken tatsächlich – dafür sollten Lebenspartner dasselbe Verständnis aufbringen wie für die Ängste eines Krebskranken während seiner Behandlung, deren Ausgang ja meist auch offen ist.

In Zeiten der Depression erlebt die Liebe eine harte Prüfung. Die Depression entzieht dem Kranken nicht nur alle Schaffenskraft, jede Hoffnung auf erlebte Gegenwart und ersehnte Zukunft, sie macht auch im übertragenen wie im Wortsinne impotent. Die Körperfunktionen mögen noch vorhanden, auch abrufbar und stimulierbar sein, aber der Wunsch nach wirklich gelebter Sexualität in Zuneigung und Liebe ist versiegt.

Große Liebe erfährt ihre Kraft und Einmaligkeit immer wieder durch gegenseitiges Geben, durch Verstehen, Zärtlichkeit, Begehren und erfüllte Sexualität. All diese Komponenten bedürfen der eigenen Kraft und Zuversicht auf beiden Seiten. Aufopferungsfreudige Pflege eines geliebten und sehr kranken Menschen hingegen ist etwas anderes. Hier ist die Zuwendung situationsgemäß einseitig und liebende Pflege auf eine gewisse Zeit begrenzt. Nach Überwinden der Krankheit mag nicht mehr alles so sein wie vorher, aber oft finden die Partner einen guten Weg zu den großen Kräften ihrer Liebe zurück, manchmal ist die Liebe nach einem solchen Lebenseinschnitt sogar noch größer, noch glücklicher.

Jede Liebe in Zeiten der Krankheit wird auf beiden Seiten auch durch die Hoffnung auf Genesung gespeist. Fehlt diese Hoffnung, gibt sich der Kranke auf, kann ihn auch keine Liebe mehr erreichen. Der Depressive leidet massiv unter der Hoffnungslosigkeit seiner Erkrankung. Sie beginnt mit der inneren Abkehr vom Leben, setzt sich in Zukunftsangst fort und mündet in die Verzweiflung beim Bilanzieren der eigenen Lebenssituation mit dem Ergebnis, weder Liebe empfangen noch Liebe geben zu können. Der Kranke empfindet sich als Zumutung für den Partner, gleichzeitig erwartet er von diesem ein großes Maß an Unterstützung und Beistand. Vor allem aber braucht er ein liebevolles Verständnis seines Zustandes, der anderen so schwer zu vermitteln ist. Vor allem dann, wenn es sich herausgestellt hat, dass eine medikamentöse Behandlung nicht oder nur gering anschlägt. Umfängliche und intensive medizinische Behandlung ist hingegen für die Mitwelt auch immer Zeichen und Gradmesser einer Krankheit, sie macht es uns leichter, Leid zu verstehen und mitzutragen. Niemand wird dem auf zwei Krücken gestützten Unfallopfer Hilfe versagen, im Gegenteil, Partner und Angehörige werden versuchen, ihm Anstrengungen und Beschwernisse zu ersparen. Solche erkennbaren Insignien des Krankseins kann der Depressive jedoch nicht vorweisen.

In den Monaten und Jahren meiner als fast unerträglich erlebten Depression musste ich mir immer wieder Vorwürfe gefallen lassen wie: »Wenn du schon zu Hause bist und nicht deinem Beruf nachgehst, wirst du doch wenigstens den Haushalt machen, den Keller aufräumen oder den Rasen mähen können.« Eine solche Einschätzung macht den Depressiven zum Simulanten, der seine Krankheit ausnutzt und anderen allein die Last des Alltags aufzwingt. Und in der Tat empfindet es der Partner trotz aller Verständnisversuche leicht so, denn auch er hat nur ein bestimmtes Kontingent an körperlichen und seelischen Kräften für die Bewältigung des gemeinsamen Lebens zur Verfügung. Deshalb ist oft nicht nur der Kranke einsam – auch der liebende Partner kann sich so fühlen. Die Entfremdung bedarf nicht unbedingt anklagender Worte, auch abfällige Gesten, enttäuschte Blicke, entzogene Nähe und Zuwendung empfindet der Depressive als tiefe Kränkung. Für beide eine schwierige Situation, die nicht in jedem Fall einen glücklichen Ausgang der Beziehung nimmt.

Liebe bedarf immer des Verständnisses und des Mitfühlens. Hier macht es uns die Depression besonders schwer. Der Krankheitszustand ist nicht nur schwierig zu vermitteln, sondern auch noch von großen Schwankungen gekennzeichnet. Ein hinlängliches Befinden an dem einen Tag kann von tiefster Verzweiflung am nächsten konterkariert werden. Der Kranke selbst und sein Partner empfinden diese Wechselbäder aus Hoffnung, scheinbarer Normalität und Abgründen als sich immer wieder ereignende Zerreißprobe des jeweils eigenen Lebens als auch der Liebe.

Wie also im Zeichen der Krankheit die Liebe leben? Zuerst einmal ist es wichtig, dass Kranker und Partner die Depression als wirkliche Krankheit verstehen. Beide sollten stets auf einem ähnlichen Informationsstand über Art, Inhalt und Zeitplan der Behandlung sein. Auch darüber, dass neben der seelischen die physische Leistungsfähigkeit tatsächlich eingeschränkt und großen Wechseln ausgeliefert ist. Je mehr der Kranke dann wieder an Alltagslast übernehmen kann, je mehr Anerkennung und Zuwendung – nicht Mitleid – er in seinem Bemühen erfährt, umso schneller und öfter wird er sich seines Lebenswertes bewusst und findet Bestätigung seiner wenn auch noch so eingeschränkten Lebenskraft. Jede solche positive Rückkoppelung wird der Kranke selbst als Ansporn erleben, er wird sich bemühen, oft unter größten Anstrengungen, die kleinen Pflichten des Alltags zu erfüllen, um dann, in der Summe der Erfahrungen, den eigenen Lebensstandpunkt nach und nach neu definieren zu können. Erst wenn sich ein akzeptierter Selbstwert einstellt, ist die Lebensbasis angelegt, auf der die Suche nach dem Ich beginnen kann.

Eine starke Liebe erträgt vorübergehendes Leid, da sie durch Verständnis und Zuneigung gespeist wird. Sie ist der emotionale Pakt auf Gegenseitigkeit, der aber einer ständigen umfassenden Attraktivität der Partner bedarf. Um den Wert der Attraktivität müssen beide Partner stets ringen – und im Krankheitsfall auch der Depressive. Er muss sich auf die Stärken seiner Liebe besinnen, muss in besonderer Weise seine Krankheit erklären und sich dabei selbst ständig um Klärung bemühen. In all diesen für ein liebevolles Zusammenleben wichtigen Fragen ist es enorm hilfreich, wenn der behandelnde Arzt oder Therapeut eine Art Mittlerrolle übernimmt, die Möglichkeiten, Belastungen und Grenzen des Kranken auslotet und das Ergebnis seiner Einschätzung sowohl dem Kranken – und mit dessen Einverständnis – auch dem Partner mitteilt. Eine solche Offenheit schafft Klarheit und verhindert Misstrauen. An diesen Kodex muss sich auch der Kranke gebunden fühlen, er muss versuchen, seine Pflichten zu erfüllen. Nur so kann er seine einstige Stärke und umfassende Attraktivität zurückgewinnen, sein Ich neu formen und ihm das Stück Heimat schaffen, für das er so sehnsüchtig lebt. Und dann kann er auch wieder lieben – endlich.

Um das Verständnis dieser Zusammenhänge müssen beide Partner immer wieder ringen. Nur dann lässt sich verhindern, dass die Liebe einer ständigen Zerreißprobe ausgesetzt ist, die für beide Seiten unerträglich wird. So lässt es sich aber auch verhindern, dass der Kranke in eine Selbstverliebtheit seines Zustandes verfällt, ebenso wie die so häufig anzutreffende Entwicklung, dass der Gesunde einem gewissen Helfersyndrom unterliegt und damit der Entwicklung des Ichs des Kranken entgegensteht. Das permanente emotionale wie sachliche Auspendeln der Situation ist für den Genesungsprozess des Kranken zwingend notwendig. Und beide Seiten müssen wissen, dass der Depressive nach seiner Genesung andere Wesensmerkmale aufweisen wird als vorher. Seine Lebensziele werden sich in der Regel verändern, ebenso seine Weltsicht. Eine große Liebe steht all das durch und wächst an den Herausforderungen eines solchen auf Zeit durch Krankheit geprägten Lebens. Es gilt: Depression ist keine Chance für eine laue Liebe, sie ist vielmehr eine schwere Herausforderung für jede große Liebe. Wirklich Liebende spüren das sehr deutlich – sie stehen die Krankheit gemeinsam durch und wachsen daran. Sie wissen, dass einem das Glück nicht auf Dauer geschenkt wird, dass es vielmehr des permanenten Einsatzes bedarf, so wie es das Sprichwort besagt: Jeder ist seines Glückes Schmied. Zuschauen allein genügt nicht. Das gilt für den Kranken wie für den gesunden Partner gleichermaßen – in guten wie in schlechten Zeiten. Entspricht dieses Verständnis nicht auch unserem Urbedürfnis nach der großen Liebe?

WO BLEIBT DIE FREUDE?

Wenn ich heute im Geiste meinen Wortschatz durchgehe, dann zählt Freude zu den ganz kostbaren Begriffen. Denn Freude ist ein Wort, das der an Depressionen Leidende zwar kennt, dessen Inhalt er aber nur sehnsüchtig aus weiter Ferne erinnert. Erfahren dürfen ihn aber offenbar nur die Gesunden, all »die anderen«, und nur sie scheinen für die Freude geradezu privilegiert. Ihre permanente Gegenwart, ihre so offensichtlich immer und überall zur Schau getragene Freude lässt den verzweifeln, der sie nicht erleben kann. Das Wort »verzweifeln«, das Sich-am-Selbstzweifel-Aufreiben, ist nicht übertrieben. Warum soll ich selber noch weiterleben, wenn ich von einer der ganz wichtigen Lebenskräfte ausgeschlossen bin? Gesunde freuen sich auf etwas, was in der Zukunft liegt, und daran, was sie gerade erleben. Sie erfreuen sich auch an dem, was sie erfahren und durchlebt haben, freuen sich an den Erinnerungen, die ja erst erlebtes Leben ausmachen. Diesen Zeitstrahl in der Freude kennt der Kranke nicht, denn was in der Zukunft geschehen könnte, liegt Angst auslösend vor ihm und ist ohnehin in weite, unerreichbare Ferne gerückt – ein Lebensfeld nur für andere. Die Vergangenheit wiederum scheint auch ausgeblendet, weil sich die depressive Stimmung über alles Gelebte wie ein undurchdringlicher Schleier legt, der so dicht ist, dass er auch das Vergessen einschließt. Diese Erfahrung belastet den Depressiven besonders, weil er manchmal in seinem Kopf keinen Zugriff auf die »gelebten Dateien« hat. Ein anderes Mal sind sie dann wieder da, aber mit tückischen Lücken, so, als wären sie zeitweise gelöscht gewesen. Der Depressive ist dadurch doppelt verunsichert, denn ihm fehlt nicht nur die Erinnerung, sondern es drängt sich ihm immer die Frage nach dem Wahnsinn auf. Was weiß ich eigentlich, worauf ist in meinem Gehirn noch Verlass? Kann, wer unter Wahnsinn leidet, überhaupt gesund werden?

Zur Depression gesellen sich schnell auch andere Krankheitsphänomene, die noch schwerer zu ertragen sind, noch mutloser machen. Ein Beispiel: In einer ganz schlimmen Phase meiner Depression hielt ich das Alleinsein nicht mehr aus. Die Therapie ging nicht voran, Medikamente schafften keine Linderung und körperlich wurde ich auch immer schwächer. Der Umgang mit anderen Menschen hatte sich auf meine Freundin und notgedrungen die Eltern reduziert. Mit einem Rest an Lebensmut bewarb ich mich an einer Autobahntankstelle, etwa eine Stunde von meinem Zuhause entfernt, um einen Aushilfsposten als Tankwart. Ich bekam den Job zur Probe, konnte in der Nähe auf dem Lande wohnen und war erst einmal aus meinem drückenden Umfeld befreit. Alles, was ich nun, so ganz auf mich allein gestellt, zu verrichten hatte – aufstehen, anziehen, irgendetwas zum Essen besorgen, das Essen selbst –, fiel mir unendlich schwer, war freudlos und enorm anstrengend. Nur während der acht Stunden Dienst, wenn ich aktiv arbeitete, den Kunden die Tanks füllte oder die Autoscheiben putzte, fühlte ich mich ein wenig erleichtert. Die Tätigkeit lenkte ab, vertrieb für kurze Augenblicke die ewig quälenden Gedanken um den Sinn des Lebens und zog mich manchmal ein wenig vom Lebensabgrund weg. In solchen Augenblicken blitzte Hoffnung auf: Vielleicht würde ich ja doch irgendwann wieder gesund. Den Inhalt dieser Arbeit fand ich damals meiner erträumten Biografie gegenüber als absolut unpassend, aber ich spürte, dass ich in meinem Zustand zu gar nichts anderem mehr in der Lage war. Nach einigen Tagen teilte mich der Chef der Tankstelle – ohne mich zu fragen – für die nächste Schicht dazu ein, an der Kasse zu arbeiten. Litermenge, Kraftstoffart und Betrag eingeben, dazu die Extras wie Süßigkeiten, Zeitungen und Plüschtiere erfassen und als Rechnung ausdrucken, das würde der Neue mit Abitur ja wohl können. Wahrscheinlich meinte er die Beförderung von der nasskalten Fahrbahn in den warmen Innendienst an der Kasse sogar gut. Er konnte ja nicht ahnen, dass ich mir inzwischen zwar das Betanken von Autos zutraute, aber keinerlei Tätigkeiten, bei denen ich meinen Kopf einsetzen musste. Ich erinnere mich noch genau, welche Panik über mich kam, als ich von der Versetzung erfuhr. Könnte ich mir die einzelnen Vorgänge, die ich an der Kasse zu vollführen hatte, überhaupt merken? Konnte ich eigentlich zur Kontrolle noch einfache Rechenaufgaben im Kopf lösen? Würde ich diese geistige Belastung nach so langer Abstinenz durchhalten? Die Frage, ob es mit dem Rechnen noch ginge, beschäftigte mich am meisten. Den ganzen Abend übte ich im Kopf leichte Rechenaufgaben, aber bei den Ergebnissen war ich nie ganz sicher, ob sie stimmten. In diesem Moment spürte ich voller Entsetzen, dass ich auf die Dateien in meinem Hirn, die das Rechenprogramm verwalteten, keinen sicheren Zugang mehr hatte. Und in diesem Zustand sollte ich an der Kasse täglich Hunderte von Kunden bedienen, sollte Geld entgegennehmen und auch noch freundlich sein – und all das gleichzeitig? Ich fühlte mich dem nicht gewachsen. Aber sollte ich mich deshalb umbringen? Mir war danach, denn ich hatte doch nun deutlich erfahren, dass ich nicht nur permanent depressiv war, sondern inzwischen auch nicht mehr ganz klar im Kopf. Aber das Leben wegwerfen, nur weil ich krank war? Irgendwie schien mir der Preis zu hoch. Ich wollte noch einmal den nächsten Tag abwarten und es an der Kasse zumindest versuchen. Wenn es überhaupt nicht ging, konnte ich ja immer noch auf die Fahrbahn laufen und mich von einem großen Lastwagen überrollen lassen.

Irgendwie habe ich den Job an der Kasse bewältigt. Ich erinnere es nicht mehr. Manchmal hat die Depression auch eine gute Seite, sie löscht Erinnerungen, die besonders schmerzhaft waren. Aber eines weiß ich noch genau: Dass ich den Job an der Kasse gegen alle inneren Widerstände doch meisterte, hat mir irgendwie Mut gemacht. Es hat mir zum damaligen Zeitpunkt die nötige Kraft gegeben, ins richtige Leben zurückzukehren. Offenbar konnte ich meinen Kopf wieder benutzen – warum dann nicht auch wieder schwierigere Aufgaben angehen.

Schließlich wollte ich in meinem weiteren Leben nicht Tankwart oder Kassierer bleiben. Nach einigen Wochen kehrte das Gefühl einer relativen Stabilität wieder. Ich fuhr nach Hause und richtete mich wieder in meiner alten Umgebung ein. Es ging mir besser. Ich habe keine gänzlich schlüssige Antwort, warum. Aber ich habe Indizien. Für mich ist Freude heute kein Phänomen mehr, das vom Himmel fällt. Ich bin überzeugt, dass Freude in vielen Fällen erarbeitet sein will. Allerdings hat es der Depressive damit besonders schwer. Scheinen doch die Rezeptoren, die auf alles und nichts freudig reagieren können, bei ihm verklebt, abgenutzt und unempfindlich gegen jegliche Reize geworden zu sein. Und das auf allen Feldern des Erlebens. Der Geschmack funktioniert nicht mehr, der Genuss ist abgestellt, die optische Wahrnehmung ebenso ausgeschaltet wie jedes stimulierende Gefühl für Erotik, Sexualität oder selbst anregende Gerüche, wie der Duft einer Rose. Depressiv sein heißt aber auch, und das ist besonders grausam, selbst auf Erinnerungen an Freude, wirkliche und große Freude, einfach nicht mehr zurückgreifen zu können. Die Kiste, die diese Erfahrungen birgt, ist mit einem schweren Schloss verhangen. Und der Depressive weiß nicht einmal, wo der Schlüssel zu dieser Kiste liegt. Er weiß es wirklich nicht, vielleicht ahnt er es noch vage.

Irgendwann spürt der Depressive, dass Freude kein allgemein gültiges Phänomen ist, das alle Menschen gleich erfahren und durch gleiche Auslöser in Gang setzen können. Für ihn wird Freude der schmerzvolle Schlüssel zum Glück, auf das der heimatlos Depressive keinen Anspruch hat. Er muss erfahren, dass nicht nur die Krankheit selbst eine riesige Bürde ist, sondern dass er erst genesen muss, bevor er Freude erneut erleben kann: ein schier unerreichbares Ziel. Wer aber einmal den Mut hatte, diesen Zusammenhang zwischen Ich-Heimat und Freude zu denken, wird bestätigen, dass der gordische Knoten aus Phänomenen, die depressiv machen, doch irgendwie zu lösen ist.

Das Gesagte soll nicht diejenigen bestärken, die Depression für Willensschwäche halten. Es wird aber vielleicht bei dem, der unter Depressionen leidet, und vor allem bei seinen Angehörigen und Freunden Verständnis auslösen. Verständnis dafür, was es tatsächlich bedeutet, keinerlei Freude mehr empfinden zu können. Der Depressive muss sich seine Freude schwer erarbeiten, während sie anderen fast mühelos zuzufallen scheint. Verständnis aber auch dafür, welches Glück es bedeutet, sich im Frühling zum ersten Mal wieder am frischen Grün erfreuen zu können, das Lied der Vögel wieder als wohlklingende Melodie und Botschaft der Zukunft wahrzunehmen.

Aber woher soll der Heimatlose eigentlich wissen, was gerade für ihn Freude bedeutet? Es scheint, als wolle das Schicksal dem Depressiven eine besondere Prüfung auferlegen: Sei erst du selbst, dann bekommst du als Belohnung auch wieder die Freude geschenkt. So jedenfalls ist meine eigene Erfahrung. Je mehr ich mich ganz auf mich allein verlasse, also ganz Ich bin, umso besser geht es mir, umso authentischer empfinde ich Freude. Es ist aber häufig eine Freude mit dem Wermutstropfen, dass andere sie nicht empfinden oder in ganz anderer Intensität, meist schwächer. Ist meine Freude also richtig? Warum kann ich nicht so wie die anderen empfinden, warum mich nicht auf die gleiche Weise freuen wie sie? Die Antwort klingt simpel: Weil ich nicht das Ich der anderen bin, sondern mein eigenes. Die anderen haben ohne Zutun eine Heimat in sich selbst, die ich nicht besitze. Aber ich kann und muss mir eine eigene Heimat aufbauen, langsam, stetig, mutig. Eine andere Möglichkeit, aus der Freudlosigkeit – und der Depression – herauszukommen, scheint es nicht zu geben.

Wie oft wird ein schwer an Krebs Erkrankter abends mutlos einschlafen, verzweifelt, weil seine Tage absehbar gezählt sind. Auch die des Depressiven sind natürlich endlich, aber er hat immerhin die Chance, sein Leben noch langfristig zu gestalten – so schwierig und dornenreich dieser Weg auch ist. Der Krebskranke wie der Depressive stehen vor der Wahl, verzweifelt langsam zu sterben oder mit dem Einsatz aller Hoffnung und Kräfte zu leben. Depression ist eine Krankheit, keine launige Befindlichkeit. Niemand würde sich trauen, einem angstvoll Krebskranken zu sagen: Reiß dich endlich zusammen! Aber wie häufig muss sich der Depressive diesen Affront einer verständnis- und lieblosen Umgebung anhören – und wie weh tut ein solcher Satz! Ich selber habe es oft genug erlebt, vor allem in der eigenen Familie, die doch meine Heimat sein sollte, es aber eben nicht war. Das war meine Art von gelebter Illusion: Irgendwann würde mich die Familie doch in ihren schützenden Kreis aufnehmen, ich wusste nur nicht wie und wann und setzte immer wieder alles daran, so zu leben, dass ich stromlinienförmig in das Familienleben hineinpasste. Nur bin ich auf diesem Irrweg nie ich selbst geworden, fühlte mich nie vollwertig, hatte nie eine Heimat, weder in mir selbst noch im Umfeld meiner Familie oder der Freunde.

Jeder Krebskranke, dem Heilungschancen in Aussicht gestellt werden, wird täglich alle verbliebenen Kräfte mobilisieren, um im »Kampf gegen die Krankheit« nicht zu sterben. Der

Depressive dagegen muss täglich unendliche Kräfte aufbringen, um zu leben, oder besser, um leben zu wollen. Das klingt pathetisch, ist aber ein ganz wesentliches Merkmal der Depression. Und ebenso wie der anderweitig schwer erkrankte Patient heute berechtigte Hoffnung haben kann, seine Krankheit mit ärztlicher Begleitung zu überwinden, so kann der Depressive hoffen, durch stetiges Ringen um sein gesundes Ich ein ausgeglichenes, glückliches Leben zu führen. Ein Leben allerdings, das zwar nicht auf die ständige Einnahme von Medikamenten oder sonstiger Therapien angewiesen ist, das aber stets der Eigenbehandlung bedarf – beinahe täglich. Die Depression lauert überall, als schliefe sie nur, bis sie wieder einmal geweckt wird. Sie friedlich schlafen zu lassen ist die große Kunst des Depressiven, denn er hat es in der Hand. Wer seiner inneren Stimme genau zuhört, weiß, wann er die Depression zu wecken droht. Wenn ich aber zurückfalle in die Illusion, dass ich mich als depressiver Mensch nicht täglich um meine wunde Seele kümmern muss, werde ich wieder Opfer dieser Krankheit werden. Der Pfad der Gesundheit ist schmal, der verlockende der Krankheit dagegen breit und einladend. Das weiß jeder Depressive, und er weiß auch, dass das Wandern auf schmalen Pfaden zwar anstrengender ist als auf ausgetretenen – aber der schwierigere Weg ist seine Bestimmung, ist das Erscheinungsbild der Krankheit.

Freude ist ein gutes Diagnoseinstrument im Rahmen der Depression. Empfinde ich sie, bin ich auf dem richtigen Lebenspfad, geht sie mir über Tage abhanden, habe ich etwas falsch gemacht und muss mich darauf besinnen, was es gewesen sein kann. Mit der Zeit habe ich darin Übung bekommen. Heute weiß ich um den Grund, wenn Dinge, die mich gestern noch erfreut haben, es heute nicht mehr tun: dass ich sehr wahrscheinlich wieder einmal der vertrauten Lebensillusion nachtrauere. Jetzt hilft nur eines: gegensteuern, zurückfinden zu mir selbst, Dinge tun, die Freude auslösen, die mir gut tun. Ich weiß inzwischen, dass das nur über Anstrengung zu erreichen ist, zufallen wird es mir nicht. Aber wenn die Anstrengung geschafft ist, fühle ich mich wieder innerlich gefestigt und es kehrt Normalität ein. Was will ich mehr? Nicht jeder ist jeden Tag glücklich, es scheint nur so. Aber jeder kann es sein – auch der, der unter Depressionen leidet, sie aber im Griff hat.

Inzwischen wirkt die Genesungsformel »Nimm Abschied von deinen unnützen Illusionen und lass sie nicht wieder zu!« bei mir wie ein verschreibungspflichtiges, hochwirksames Medikament. Eines, das zum Glück keine Nebenwirkungen besitzt. Ist das nicht sehr viel mehr als die diffuse, statistische Chance auf Genesung, mit der viele andere Kranke leben müssen?

WO SIND DIE WÜNSCHE?

Keine Wünsche haben – gibt es das? Millionen Menschen hoffen jede Woche, das große Los im Lotto zu gewinnen, um sich dann endlich einen lang ersehnten Wunsch erfüllen zu können. Aber für manche gibt es tatsächlich den trostlosen Zustand völliger Wunschlosigkeit. Der in schwerer Depression Versunkene ist einfach zu keinem Wunsch mehr fähig – außer dem einen, endlich gesund zu werden, befreit von der Last der Krankheit. Aber das ist oft mehr ein passives Hoffen als ein zielgerichteter Wunsch. Für die Wünsche eines »normalen Lebens« ist in dieser Situation kein Platz. Das macht es den Freunden und Angehörigen eines Kranken besonders schwer im Umgang. Sie können nicht verstehen, dass den Depressiven keine freundliche Botschaft erreicht, kein Vorschlag zu einer gemeinsamen Unternehmung fruchtet, kein Geschenk Freude macht und die Aussicht auf ein interessantes Ereignis, eine Einladung oder Reise keine noch so geringe Begeisterung auslöst. Auch auf die Frage, ob man ihm denn nicht etwas Gutes tun könne, wird er keinen Wunsch äußern, ja oft nicht einmal eine Reaktion oder schlüssige Antwort geben können. Vielleicht wird sich ein trauriges Fragen aus dem ziellos versunkenen Blick lösen als Zeichen, dass das Gedächtnis überhaupt noch die Existenz von Wünschen erinnert.

Wenn die eigenen Wünsche auf längere Zeit ausbleiben, wenn er keine Erwartungen mehr an das Leben hat, fragt sich der Kranke unweigerlich, was er eigentlich noch in der Welt soll. Die Krankheit ertragen zu müssen ist quälend genug. Dass aber durch die fehlenden Wünsche auch der Blick in die Zukunft verstellt ist, bedeutet innere Kerkerhaft ohne jede Aussicht auf Befreiung. Das soll noch Leben sein?

Wunschlos glücklich sein – mit diesen Worten beschreiben wir den ganz großen Augenblick vollkommenen Glücks. Wie anders dagegen empfindet der Depressive, der wunschlos zutiefst Unglückliche. Wunschlos zu sein bedeutet ziellos zu sein, nichts mehr vom Leben zu wollen – vor allem aber, zu spüren, dass das eigene Dasein in dieser Welt sinnlos ist. Man fühlt sich im Wortsinne einfach überflüssig. Nur wer Wünsche und Ziele hat, dem fließen auch Kräfte zu oder er kann sie mobilisieren. Wer keine Wünsche hat, will nicht wirklich in der Welt sein. Mahnend werden dem Kranken die Märchen seiner Kindheit einfallen, wo dem Guten drei Wünsche und vor allem ihre Erfüllung geschenkt wurden. Und in einer der wichtigsten deutschen Dichtungen verkauft die zentrale Figur sogar ihre Seele für die Erfüllung ihrer Wünsche.

Um Wünsche und ihre Erfüllung ranken sich geheimnisvolle Fantasiegebilde und zentrale Lebensfragen. Da gibt es den Wunsch nach Erkenntnis, den Wunsch nach dem großen, unbekannten Glück bis hin zu dem Wunsch, dass die eigenen Wünsche nie versiegen und gestillt werden mögen. Der Wunsch als Lebenselixier.

Wie sehr habe ich mir während der Depression immer den Abend herbeigesehnt. Ich wollte endlich schlafen, um nicht mehr denken, nicht mehr fühlen und nicht mehr spüren zu müssen, dass ich nichts mehr wollte von der Welt, dass ich wunschlos war. Schlafen war der einzige Zustand, den ich erträglich fand. Schlafen hieß für mich, nicht in der Welt sein – ohne tot zu sein. Ich erinnere mich gut an meine häufige Zwiesprache mit dem Schicksal, es möge mich doch einfach nicht mehr aufwachen, mich im ewigen Schlaf zurücklassen. Jeder neue Morgen brachte die Antwort, dass meine Bitte nicht erhört worden war. Wieder hatte ich einen Tag der Prüfung und des Leidens vor mir. Ich musste in der Welt sein, ohne es zu wollen, und dabei sollte ich wollen, denn nur das Wollen verleiht dem Depressiven die Kraft, den Tag überhaupt anzugehen. Ein Müssen gab es irgendwann ohnehin nicht mehr, dem hatte ich mich längst entzogen.

Charakteristisch für den schwer Depressiven ist, dass er keinerlei Leistungsdruck mehr ertragen kann. In diesem Zustand können selbst kleinste Forderungen das Fass des Leidens zum Überlaufen bringen. Dann besteht wirklich Lebensgefahr, weil die Todessehnsucht endlich den passenden Anlass geliefert bekommt. Eine schreckliche Verstrickung, die nur zu oft im gewaltsamen Freitod des Depressiven endet. Freunde und Verwandte stehen dann fassungslos vor dem Geschehen, weil sie nicht einmal erahnen können, wie fragil das Lebensnetz in den letzten Stunden des Kranken war und dass es nur noch eines Windhauches bedurfte, ihm die letzte Lebenskraft zu nehmen.

In solchen Phasen der Depression ist es gut, den Kranken vor sich selbst zu schützen, ihn zu beruhigen und ihm klarzumachen, dass im Augenblick nichts, aber auch gar nichts von ihm erwartet wird und er auch selbst an sich keine Erwartungen stellen darf. Aber es gilt auch, ihn zu beobachten, ihn zu ermuntern, jedwede positive Stimmungsregung zu nutzen, ohne sie zu relativieren und an dem scheinbaren Glück anderer zu messen. In dieser äußerst sensiblen Situation verlässt der Kranke entweder das Leben oder aber lernt, wieder Fuß zu fassen, das Dasein zumindest zu ertragen und es nicht mehr wegwerfen zu wollen. In dieser Zeit braucht der schwer in der Depression Verstrickte Halt von außen, Zuspruch und die ernst gemeinte Versicherung, dass es Besserung und vielleicht sogar Heilung geben kann. Wird der Kranke nicht stationär im Krankenhaus behandelt, bekommt er in der Regel ein oder bestenfalls zwei Mal in der Woche einen Gesprächs- oder anderen Therapietermin gewährt. Die endlos erscheinenden Tage dazwischen werden auf diese Weise leicht zur unberechenbaren Falle. Wie unsinnig scheinen mir im Nachhinein alle Therapiebemühungen, die den Kranken in dieser kritischen Zeit für so lange Intervalle allein lassen.

Durch eigenes Erleben bin ich inzwischen der festen Überzeugung, dass eine sehr intensive Betreuung des Depressiven in einer solchen, für ihn so aussichtslos erscheinenden Situation nicht nur die Spitzen des Leidens besser kappen, sondern auch viel früher einen Weg aus der Krankheit heraus weisen könnte. Entscheidend ist dabei, dass sich der Kranke vor allem endlich ernst genommen und geborgen, statt ständig vertröstet fühlt. Ein gesunder Mensch kann es sich einfach nicht vorstellen, welche Hoffnungen der Depressive in dieser fragilen Zeit an seine Behandlung und seinen Therapeuten knüpft, wie sehr er auf die von außen kommenden Impulse des Gespräches und der Hilfestellung angewiesen ist und sie herbeisehnt.

Damals wusste und fürchtete ich um die endlos scheinenden Zeiträume zwischen meinen Therapiestunden. Deshalb hielt ich nach jeder Sitzung noch auf dem Parkplatz alle wichtig erscheinenden Details der gerade vergangenen Stunde in einem Tagebuch fest. Ich notierte akribisch alle wichtigen Deutungen und Hinweise auf meine Situation, alle Veränderungen meiner Stimmung und meines Zustandes. Damit wollte ich wenigstens irgendetwas in Händen halten, was mir in den unendlich langen Stunden bis zur nächsten Therapie hilfreich sein könnte. Ich erinnere mich, dass in diesen ersten Minuten nach der Therapiestunde stets ein wenig Hoffnung aufkam und es kehrten, wenn auch nur ganz schwach, die ersten Kräfte zurück. Für Wünsche war es noch zu früh, aber zumindest war die alles überschattende Todessehnsucht vorübergehend gebannt.

Die Kräfte hielten nie lange an. Nach kurzer Zeit versank ich immer wieder in der Verzweiflung. Aber über die Zeit muss dieses Auf und Ab doch eine, wenn auch sehr fragile, Lebensgrundlage geschaffen haben. Ich konnte es kaum glauben, doch langsam fand ich wieder Boden unter den Füßen. Rückblickend war es ein äußerst qualvoller und langer Weg. Ein Weg, auf den sich jeder Depressive einlassen muss, um irgendwann zu sich selbst zu finden und dann auch das eigene Ich zu leben. Auf dem richtigen Weg ist der, der erkennt, dass im Leben die persönliche Ehrlichkeit sich selbst gegenüber mehr zählt als die Illusion. Dieser Pfad ist nicht vorgezeichnet, man muss ihn mühsam suchen und immer wieder auf seine Richtigkeit überprüfen. Rückschläge muss man einkalkulieren, denn die falschen Illusionen werden verführerisch zurückkehren wie Fluch und Versuchung. In solchen kritischen Augenblicken ist es gut, einen Therapeuten oder Angehörigen zu haben, die einen stützen und Mut machen, nicht aufzugeben, sondern am eingeschlagenen Kurs festzuhalten.

Viele Therapeuten vermeiden das Prinzip der seelischen Unterstützung und setzen ganz auf die Selbstheilungskräfte und Anstrengungen des Patienten. Auch das halte ich heute in dieser Ausschließlichkeit für äußerst problematisch. Ein Therapeut, der nicht lobt und fördert, ist in meinen Augen kein guter Therapeut. Wer als Kranker diese entscheidende Unterstützung vermisst, sollte seine letzten Kräfte aufbringen, eine solche Therapie zu beenden. Eine aus diesen Gründen abgebrochene Therapie schadet weniger als eine schlechte. Geschärftes Misstrauen ist mitunter ein erstes Zeichen, dass sich wenigstens der Wunsch einstellt, als Kranker fair behandelt zu werden.

Und damit zurück zu den Wünschen. Wünsche an das Leben sind etwas sehr Kostbares, sie sind das Lebenselixier, das uns voranzieht, das unserem Leben einen Sinn gibt. Solche Wünsche haben nichts mit Konsumieren zu tun, es sind Wünsche nach Lebenssinn, nach Erkenntnis, schließlich nach

Glück. Allesamt kann man sie nicht im Automaten kaufen, man muss sie erleben und oft sogar mühevoll erarbeiten. Jeder Wunsch ist der erste unverzichtbare Schritt in die Zukunft, an ihm machen sich alle Folgeereignisse fest, die uns dann später, wenn wir sie umgesetzt haben, so zufrieden und glücklich machen.

Wünsche kann nur das starke, wahrhaftige Ich haben, der Depressive dagegen ist heimatlos, hat kein Ich, auf das er sich verlassen kann. Darum versagen sich ihm auch die Wünsche. Das muss aber nicht auf Dauer so sein – ich habe selber die Erfahrung gemacht. Und immer wenn mir heute die Wünsche ausbleiben, kleine wie große, spüre ich die Depression nahen. Aber inzwischen kann ich mich wehren, kann in mich gehen, mich befragen, ob es nicht doch etwas geben könnte, was mir wichtig ist oder eine besondere Freude machen würde, oder einfach nur als Vehikel dienen könnte, aus der kurzfristigen Sinnkrise herauszukommen. Früher benötigte ich dafür meinen Therapeuten, heute schaffe ich es allein. Ja, man kann mit seinen lebenslangen Depressionen leben, wenn man ihre Warnzeichen ernst nimmt und sie immer wieder als Alarmsystem des Ichs betrachtet. Ein Alarm, der dann nicht mehr bedroht, sondern zum Bestandteil des eigenen Lebens geworden ist.

BEDROHLICHER FRÜHLING

Mit voller Wucht treffen den Depressiven die ersten wärmenden Sonnenstrahlen, schmerzhaften Stichen gleich, denen er sich schutzlos ausgeliefert fühlt. Natürlich sind es nicht die harmlosen Strahlen selbst, sondern das, was wir mit ihnen assoziieren: das neu erwachende Leben in der Natur nach dem Winterschlaf, das sprichwörtliche Zurückkehren der »Lebensgeister« bei uns Menschen, die uns erwartungsvoll auf die sich schon bald wieder abzeichnende Üppigkeit der Natur und des Lebens einstimmen und die Schwere des winterlichen Grau vergessen lassen. Aufbruchstimmung! Für alle, aber nur für die anderen – nicht für den Depressiven. Den Frühling habe ich während meiner Depression in zweifacher Hinsicht als besonders quälend empfunden. Zum einen, weil ich an der Lebensfreude der anderen keinen Anteil haben konnte, durch meine Krankheit ausgeschlossen war – ich konnte dem Frühling einfach nichts Positives abgewinnen! –, zum anderen, weil meine eigene Lebensuhr immer schneller zu schlagen schien. Mir lief die Zeit davon. Während andere ihre beruflichen und privaten Pläne für das Jahr machten, die Menschen sich sichtbar auf die so stimulierenden warmen Monate des Frühlings und des Sommers freuten und die innere Schlagzahl ihrer Aktivitäten erhöhten, konnte ich selbst gerade diese Kräfte nicht mobilisieren. Wie oft habe ich in dieser Zeit traurig meine eigene Wahrnehmung des Frühlings überprüft. Objektiv war das Wetter schön, die Sonne schien, die Grüntöne der Vegetation wurden von Tag zu Tag differenzierter, dann kam die Farbenpracht der Blumen – aber mein Sensorium nahm diesen beglückenden Farbenrausch nicht wahr, ich sah die Welt schwarz-weiß, die ansteckende Wirkung des Frühlings ging an mir vorbei. Umso schmerzhafter war es, mit ansehen zu müssen, wie glücklich die anderen Menschen waren, beflügelt vom Frühling mit seiner stimulierenden Leichtigkeit, den sich wieder füllenden Straßencafés, den Spaziergängern in den lauen Abendstunden, die plötzlich in meiner Wahrnehmung alle nur noch paarweise ihr Glück genossen, Verliebtheit signalisierten, Ausgelassenheit und Lebensfreude. Mich hat nie Neid beim Anblick glücklicher, verliebter und erotisch ausgelassener Menschen beschlichen, nur eine tiefe Traurigkeit, dass ich von diesen wunderbaren Lebensgenüssen gänzlich ausgeschlossen war – auf lange Zeit und ohne Hoffnung. Vielleicht für immer.

Wen die Krankheit zwingt, hilflos diesem Geschehen zuzusehen, wird irgendwann zwangsläufig dazu kommen, Bilanz zu ziehen. Was habe ich von diesem Leben noch zu erwarten? Wird jemals wieder zumindest eine gewisse Normalität einsetzen, werde ich, auch wenn ich mich in meinen Erwartungen bescheide, noch einmal wirklich leben können? Nicht nur dumpf den Tag erleben, da sein, aber eben auch nicht mehr – nicht wirklich leben! Heute weiß ich, ohne wirksame Hilfe von außen, durch einen Arzt oder Therapeuten, kann es der Depressive nicht schaffen, sich allein von den Fesseln der Depression zu befreien. Und ich wünschte mir, dass sich gerade im Umgang mit den Jahreszeiten und ihrer spezifischen Lebenssymbolik auch in der Depressionstherapie eine größere Dynamik entwickelte, die sich sowohl das Quälende als auch das Beruhigende der unterschiedlichen Gefühlsqualitäten der einzelnen Monate zunutze macht.

Der Frühling symbolisiert im Rhythmus der Jahreszeiten den Aufbruch, die Rückkehr allen Lebens in der Natur. Umso deutlicher konfrontiert diese ubiquitäre Vitalität den Kranken mit seinen vermeintlichen und realen Defiziten, deren lähmender Kraft er tatenlos gegenübersteht. Er kann die Diskrepanz zwischen eigenem Anspruch und tatsächlichem Nachlassen seines Lebensmotors nicht mehr überbrücken, weil jeder nicht wirklich gelebter, sondern nur ausgehaltener Tag ihn tiefer in den Strudel der Verzweiflung treibt. Jetzt, im Frühling, wenn alle anderen so aktiv, so froh und glücklich erscheinen, lassen seine Kräfte immer mehr nach. Das Fatale in der persönlichen Selbsteinschätzung des Kranken ist, dass ihm mahnend nur sein einst gesundes Persönlichkeitsbild vor Augen steht und er sich in keiner Weise mit kleinen Aktivitätsschritten abfinden kann – relatives Glück ist für ihn kein Glück, sein Erwartungskosmos setzt noch immer aufs Ganze, verharrt in der Illusion einer Potenz, die er eben in der ersehnten Form nicht hat. Aber er hat sie auf anderen Feldern, auf die er jedoch noch nicht einmal zu schauen wagt, geschweige denn sie auszuprobieren. Was würde geschehen, wenn er sich auch einmal wieder zu einem Abendspaziergang aufmachte, bei strahlender Sonne an die See führe oder einfach mal wieder ein Eis essen gehen würde? Natürlich würden sich solche Erlebnisse auch positiv auf das Stimmungsbild des Depressiven auswirken, aber es fehlt einfach an Kraft und Zutrauen, sich der Normalität des Alltags anderer auszusetzen. Und da der Kranke in diesem Zustand auch kaum die Hilfe von Freunden annehmen kann, sie eher abwehrt, wird er auch diesen Frühling wieder allein verleben müssen, gefangen in seiner Traurigkeit. Er weiß darum und kann es kaum ertragen. Der Frühling wird jeden Tag aufs Neue zum Abbild der anderen Seite des Glücks, das sich dem Kranken zu entziehen scheint. Aber wie ist eigentlich die Realität? Was trennt den Kranken objektiv vom Glück? Ist er wirklich so weit davon entfernt, wie er glaubt? Natürlich ist er es nicht. Aber er ist allein gelassen, kann seinen verstellten Blick nicht mehr selbst korrigieren, kann keine Kräfte mehr mobilisieren – Lebensangst und Verzweiflung haben die Aussicht auf die Realität verstellt, die in der Vorstellung des Kranken ein entrückt schillerndes Antlitz hat, während die Realität, in der er gefangen ist, jede Stimulanz verloren hat. Ja, es sind die positiven Erfahrungen, Erlebnisse und Begebenheiten, das Lob, die Zuwendung und der kleine oder größere Erfolg, die wir alle in irgendeiner Form jeden Tag brauchen, um das Schwungrad der Lebenskräfte immer wieder neu anwerfen oder in Bewegung halten zu können. Und wann stellt sich die Welt freundlicher dar als im Frühling, wenn uns der lähmende Einfluss des Winters noch gegenwärtig ist?

Frühling und Sommer sind die dunklen Jahreszeiten für den Kranken, weil sich seine Stimmung, sein Zustand nicht aufhellt. Seine Tage werden jetzt unerträglich lang. Mit den zunehmenden Lichtstunden des Tages verdunkelt sich seine Seele immer mehr. Einzig ein Regentag schafft ein wenig Erleichterung, er nimmt das Bedrückende der Helligkeit, die der Kranke wie einen auf sich gerichteten Scheinwerfer empfindet, der ihn in seiner ganzen Lebensuntüchtigkeit preisgibt.

Man weiß heute, dass gerade viel Licht dem Depressiven gut tut. Es gibt sogar eine eigene Behandlungsform, die Lichttherapie, die Menschen, die zu Depressionen neigen, empfohlen wird. Zu Recht, und doch glaube ich, dass es nicht allein das Licht als physikalisches Phänomen ist, das dem Kranken hilft, sondern vielmehr die Konfrontation mit alldem, was im Licht sichtbar wird, also die erheblich größere Zahl von Eindrücken und Impulsen an unser Gehirn, die erst bei Tages- und Sonnenlicht wirksam werden. Fast folgerichtig, wenn auch fatal in der Wirkung, meidet der Depressive das Licht, er schließt sich von der Außenwelt ab, verdunkelt sogar seine Umgebung, um sich der Welt zu entziehen. Welch ein Trugschluss! Gerade dieser Rückzug ins Dunkel isoliert ihn – von den Menschen, aber auch von den so notwendigen Sinneseindrücken, die unser Gehirn stets in ausreichendem Maße braucht. Nicht umsonst wird die Isolationshaft als ein besonders grausames Folterinstrument eingesetzt – sie setzt den Verurteilten qualvoll sich selbst aus. Er ist zur Strafe von den notwendigen Lebensimpulsen der Außenwelt abgeschnitten. Genau diese Strafe verordnet sich der Depressive selbst – und immer wieder. Auf diese Weise zerstört er sein Ich, indem er es immer weiter reduziert, ihm die notwendige Nahrung an Hirnimpulsen, Licht, Freude, Erlebnissen, Spontaneität, Freude, Liebe und den vielen, vielen notwendigen kleinen Botschaften entzieht.

Welch wichtige Funktion diese Botschaften als ständige Rückkoppelungssignale für uns haben, konnte ich selbst erfahren, als ich mich im Vorfrühling zu einer Art Selbsttherapie in eine Sport- und Herz-Kreislaufklinik begeben hatte, um überhaupt wieder einen Anschluss an den normalen Lebensrhythmus zu gewinnen. Plötzlich musste ich morgens zu früher Stunde aufstehen, musste mich dem Licht des beginnenden Tages stellen, einige Anwendungen über mich ergehen lassen, das Mittagessen zu einer bestimmten Zeit einnehmen, mich zu diesem Anlass umziehen, dann nachmittags wieder an mehreren sportlichen Aktivitäten teilnehmen, um schließlich das Abendessen in Gesellschaft der anderen Patienten einzunehmen. Ich konnte mich ja diesem Klinikregularium nicht so einfach entziehen, merkte aber trotz größter Anstrengung schnell, dass es mir irgendwie gut tat, all diese Aktivitäten in einem gewissen, fest vorgegebenen Zeitrahmen erledigen zu müssen. Ich hatte plötzlich wieder die Kraft dazu. Und die Kräfte nahmen jeden Tag zu. Schon nach wenigen Tagen waren viele meiner Lebensfunktionen reaktiviert, die alltäglichen praktischen Anforderungen konnte ich schon bald wieder mühelos erledigen, auch der Kontakt zu anderen Menschen, den Mitpatienten, stellte kein unüberwindbares Hindernis mehr da. Und wie »erfolgreich« hatte ich mich über Jahre meinen Mitmenschen entzogen und mit welch fatalem Ergebnis! Ich wollte mich plötzlich nicht mehr länger verstecken, »wollte endlich wieder ans

Licht«. Diese Form der Therapie, die ein auf mich individuell zugeschnittenes Aktivitätsprogramm darstellte, vor allem aber ein Eingebundensein in den normalen Tagesrhythmus, sollte den Durchbruch in meiner Behandlung bedeuten. Das Stichwort heißt »wieder gefundenes Selbstvertrauen« als Basis, überhaupt wieder an ein Gesundwerden denken zu können. Der Weg heraus aus der Depression war nach dieser Therapie viel zielgerichteter möglich als vorher. Ich konnte auf kleinen Erfolgen aufbauen, hatte mein Ich erstmals wieder im realen Spiegel anderer erlebt, nicht nur in der Projektion unter negativem Vorzeichen, hatte meine Kräfte und Ressourcen wahrgenommen.

Noch heute kann ich mich mit den dunklen Jahreszeiten, dem Herbst und dem Winter, gut arrangieren. Ich bin im Laufe der Genesung nicht sonnenhungrig geworden, aber ich meide auch das Licht nicht. Frühling und Sommer haben nichts bedrohlich Einforderndes mehr, aber sie erinnern mich immer wieder daran, über wie viele Jahre ich jeden Sonnentag traurig erlebt habe. Instinktiv setze ich mich heute daher möglichst oft dem Licht aus, stehe sehr früh auf, mache meinen Morgenlauf, um mich ganz bewusst dem Tag zu stellen – ganz allein. Und dann überkommt mich immer ein kleiner Schauer des Glücks, dass ich mich heute auf den Frühling und den Sommer mit seinen langen Tagen und seinem stimulierenden Licht freuen kann. Ich nenne es meine ganz persönliche Licht- oder besser Aktivitätstherapie, mit der es mir mit vertretbarem Aufwand gelingt, die Depression auf Distanz zu halten – zu allen Jahreszeiten.

Trägt Besitz?

In gewisser Weise sind Depressionen eine Zivilisationskrankheit – je größer der allgemeine Wohlstand, umso mehr Menschen erkranken an ihr. Tendenz zunehmend. So jedenfalls lauten die soziologischen wie statistischen Angaben. Vorsichtig in andere Richtung formuliert sehe ich an meinen geschäftlichen und privaten Gesprächspartnern, dass Wohlstand keinesfalls vor Depressionen bewahrt. Der hohe Anteil unter ihnen mit depressiven Erkrankungen gibt zu denken. Zumindest, was die Vierzig- bis Sechzigjährigen betrifft.

Die Korrelation Wohlstand und Depression ist in der Außenwirkung nicht ungefährlich. Zu verlockend scheint die gedankliche Stigmatisierung der Betroffenen als unentschuldbar launisch, denen ein wenig mehr Disziplin, geregelte Arbeit und weniger Flausen im Kopf schon helfen würden – und geringere sozial-materielle Ansprüche würden ihnen auch gut anstehen.

Wer diese Vorstellung mit sich trägt, kennt weder das tiefe Leid des Depressiven, noch versteht er es. Wohlstand und Leid, eine nach außen gute Lebenssituation und Leid, Besitz und Leid sind keine Widersprüche! Depression ist keine Krankheit der Reichen. Aber sie ist eine Krankheit unserer Zeit – und den meisten von uns geht es heute materiell sehr viel besser als noch vor einer oder zwei Generationen. Für dieses soziale Umfeld ist der, der heute an Depressionen erkrankt, nicht verantwortlich.

Für viele Menschen, und gerade für die jungen, haben sich die Lebensbedingungen in den letzten Jahren umfassend geändert. Das ist ein gesellschaftlicher Prozess, an dem wir alle teilhaben. Zum Guten wie zum Schlechten. Würde man abfällig mit dem Finger auf jemanden zeigen, der sich beim Inline-Skaten einen komplizierten Bruch zugezogen hat, oder jemanden verurteilen, der im Skiurlaub unverschuldet eine Schädelfraktur mit lebenslangen Folgen, vielleicht sogar einer massiven Behinderung erlitten hat? Niemand käme auf einen solchen Gedanken. Aber der an Depressionen Erkrankte muss sich bei vergleichbaren »inneren Verletzungen« auch heute noch viele Vorwürfe anhören und wird sich allzu oft in seiner Krankheit nicht beachtet fühlen. Trotz beginnender Veränderung bestimmen noch weithin Unverständnis und Abwehr das Verhältnis der Menschen zur Krankheit Depression. Darunter leiden die Kranken am meisten. Ihnen hilft in ihrer akuten Not kaum, dass jeder, der mit Unverständnis reagiert, vielleicht selbst einmal mit dieser Krankheit konfrontiert werden könnte.

Ob Besitz trägt, ist keine Frage des Umfanges und des Wertes. Wenn überhaupt, dann schafft Besitz vor allem Sicherheit. Wer in der Aufbauphase seines Lebens an Depressionen erkrankt und vielleicht für den Kauf einer Wohnung oder eines Hauses einen Kredit aufgenommen hat, dem wird die Aussicht auf einen möglicherweise längeren Verdienstausfall einen verständlichen Schrecken einjagen. Und da der Depressive seine Situation häufig dramatischer einschätzt, als sie bei wohlwollend-kritischer Prüfung tatsächlich ist, droht schnell das Gefühl einer existenziellen Bedrohung. Zu Recht, denn schließlich weiß der Kranke nicht, ob er überhaupt je wieder seine Arbeit aufnehmen und in einen normalen Lebensrhythmus zurückkehren kann. Er ist es ja, der beinahe jede Hoffnung auf Normalität aufgegeben hat. Ist dagegen ein gewisses Maß an Besitz vorhanden, wird zumindest diese Bedrohung in der Einschätzung geringer ausfallen.

Eine viel wichtigere Frage ist jedoch, ob Besitz den Depressiven leichter über seine Krankheit hinwegträgt oder ihm sogar einen gewissen Halt gibt. Einen Halt, der Sicherheit und vielleicht sogar Freude am Besitz vermittelt, zum Beispiel an einem eigenen Haus, einem besonderen Auto, Segelboot, einer Sammelleidenschaft oder etwas Vergleichbarem. All die aufgezählten Güter, die für den jungen Gesunden ganz sicher erstrebenswert sind und besondere Kräfte mobilisieren können, haben für den Depressiven plötzlich jeden Glanz verloren. Besitz, um den der Kranke möglicherweise sogar beneidet wird, macht nicht gesund. Er vermag nicht einmal den Depressiven glücklich zu machen – was die landläufige Meinung mindestes erwartet und warum Außenstehende das gestörte Verhältnis des Kranken zu Besitz so schwer verstehen können. Das ganze Unverständnis liegt offen in einem Satz wie »Der hat doch alles, warum ist er so unglücklich, so ungerecht mit sich und der Welt?«.

In der tiefen Depression bedeutet Besitz nur wenig, oftmals gar nichts. Er ist nicht mehr Quell der Freude, kein Quell mehr der Freiheit für Lebensführung, Hobbys, Reisen oder besondere Annehmlichkeiten. Selbst wenn er alle diese Qualitäten von Besitz nutzt, lebt der Depressive doch in sich gekehrt, innerlich abgewandt vom Gold, das für ihn nicht mehr glänzt. Sein zentrales Problem ist gerade die Abkehr von allem, was Freude bereiten, ihn stärken oder sogar ins aktive Leben zurückholen könnte.

Spielt er gar mit dem Gedanken, aus dem Leben zu gehen, wird mitunter auffällig, wenn er akribisch letzte Kräfte mobilisiert, um ja alles geordnet zu hinterlassen. Ärzte, Angehörige und Freunde muss diese Haltung alarmieren. Sie sollten jetzt insistieren, warum er sein Augenmerk auf das Ende und nicht auf das Gesundwerden richtet, und versuchen, ihm deutlich zu machen, dass er dieses Kräftepotenzial konstruktiv und nicht destruktiv nutzen sollte. Es ist doch Kraft da, das Gehirn arbeitet noch zielgerichtet – warum dann nicht auch einmal wieder den Versuch wagen, etwas für sich und die eigene Zukunft zu tun? Unter diesem Aspekt bekommt ein vor der Krankheit erarbeiteter Besitz plötzlich einen ganz anderen Stellenwert. Er kann als Beleg der eigenen Fähigkeiten interpretiert werden, als vorläufige, positive materielle Lebensbilanz – wogegen in unserer derart materiell ausgerichteten Zeit kaum etwas einzuwenden ist. Warum nicht das bisher Erreichte einer wohlwollenden Prüfung unterziehen und einmal sein eigener Anwalt des Erfolges und des Glückes sein?

Ich will hier in keiner Weise dem Besitzstreben das Wort reden. Nicht jeder will oder kann Besitz anhäufen, aber demjenigen, dem er in seinem Leben wichtig ist, sollte Besitz nicht vorgehalten werden nach dem Motto »Du hast doch alles, beklag dich nicht!«. Häufig wird es gerade diese Kritik sein, die den Kranken besonders schmerzt, weil er deutlich spürt, dass gegen Ignoranz anderer jedes Verteidigen zwecklos ist. Vorurteile sind unüberwindliche Mauern – für den Kranken allemal. Helfen könnte ihm im Gegenteil Entgegenkommen und Verständnis seiner Mitmenschen, zumindest aber ihr Interesse für seinen derzeit so traurigen Zustand.

Besitz kann für den Depressiven das Gegenteil von dem bewirken, was ihn landläufig so begehrenswert macht. Er wird dem Kranken zur mahnenden Last, wird Ausdruck eines gesunden Lebens, das für den Depressiven so unerreichbar entrückt scheint. Damit gewinnt Besitz neben dem so selbstverständlich Positiven auch das Janusköpfige des Spiegels, das Mahnende, Belastende. Schadenfreude anderer ist in dieser Situation ganz unangemessen. Vielmehr ist es für den Depressiven eine besonders bittere Erfahrung, dass das, was einmal wichtig in seinem Leben war, jeglichen Glanz verloren hat. Nein, Besitz trägt nicht. Er ist kein Garant für Lebensqualität. Besitz ist nur für den Gesunden zu genießen, der Kranke dagegen leidet so lange an ihm, bis er im Leben einen neuen Sinn gefunden hat – dann trägt auch Besitz wieder zu seiner Lebensfreude bei.

Ist er erst wieder ins aktive, freudig angenommene Leben zurückgekehrt, wird der einst Kranke seinen Besitz ganz anders wahrnehmen. Er hat die Erfahrung gemacht, dass er keinen Halt geben kann. So wird er ihn in seiner Bedeutung anders und neu einschätzen. Er wird das, was ihm einst besonders wichtig war, relativieren. Klischees benötigt er nach Bewältigung seiner Krankheit nicht mehr. Deshalb hat er die innere Möglichkeit, sich auf das Wesentliche zu konzentrieren, auf das, was ihm gemäß ist und seinem Leben gut tut. Das kann auch wieder Besitz sein, vielleicht sogar besondere Kräfte mobilisieren, den schon einmal beschrittenen Pfad fortzusetzen. Aber ich bin sicher, die Bedeutung für den jetzt Gesunden wird eine andere sein. Sein Besitz wird stimmiger zu ihm gehören, wird Teil seiner persönlichen Heimat sein – ganz selbstverständlich. Vor allem aber wird er dankbar die Rückkehr in ein glückliches Leben feiern – jetzt könnte er auch auf Besitz verzichten. Aber warum?

GIBT KLEIDUNG HALT?

Im übertragenen Sinne ganz sicher. Kleidung wärmt nicht nur, sondern ist für viele Menschen »das Glutamin ihrer Persönlichkeit«, ein Vehikel, mit dem sie ihre Außenwirkung steigern können. Das gilt für das elegante Outfit des erfolgsverwöhnten Managers ebenso wie für die uniforme Erscheinung des überzeugten Punkfetischisten oder Alt-68ers, der noch immer an seinen langen, mittlerweile ergrauten Haaren, der Existenzialistenbrille und ausgewaschenen Jeans festhält. Jeder von ihnen ist überzeugt, mit dem jeweiligen Kleidungsmix die Befindlichkeit seiner Persönlichkeit am besten widerzuspiegeln. Manch anderer wiederum hält nur aus Nachlässigkeit oder modischem Desinteresse an den über Jahrzehnte gewohnten Kleidungsritualen fest. In meinem persönlichen Umfeld fasziniert mich immer wieder, wer sich auf welche Weise in seinen Lebens- und Kleidungsgewohnheiten über die Jahre verändert hat und wer an denen des frühen Erwachsenenalters festhält. Ich erkenne darin leicht einen Schlüssel zur Persönlichkeitsentwicklung, von der stimmigen Fortentwicklung oder gar Mutation bis hin zur verkrampften Bewahrung eines Erscheinungsbildes, das sich längst überlebt hat und in seiner Außenwirkung fragwürdig ist.

Ausstrahlung und Wirkung sind den Menschen wichtig, vermitteln klare Botschaften und sind ähnlich eindeutig wie das artentypische Balzverhalten in der Tierwelt. Kleidung kann ein besonderes Zeichen von Lebensfreude sein, aber auch ein nachlässig zur Schau gestelltes Äußeres will etwas über die eigene Person aussagen. Solange Kleidung und Persönlichkeit kongruent sind, lässt sich mit angezogenen Botschaften virtuos spielen, kokettieren oder einfach nur gut und bequem leben. Für den Depressiven aber hat die äußere Erscheinung häufig eine ganz besondere Funktion: Sorgfältig ausgewählte Kleidung soll sein Ich in eine Rolle schlüpfen lassen, die nach außen hin stabil erscheint. Ein Rollenverständnis, das in der Regel nichts oder nur wenig mit der Realität zu tun hat, weil es gar nicht durch die eigene Persönlichkeit untermauert ist. Häufig wird Kleidung auch nur zum Spiegelbild eines Idols, das die simple, aber entscheidende Botschaft offen zur Schau trägt: Ich möchte so sein wie die oder der! Das können harmlose Kopie- und Selbstdarstellungsversuche sein, wie sie heute in der Markenpenetranz das Alltagsgeschäft der Modekonzerne bestimmen. Es kann aber auch die Absicht dahinter stecken, durch im Wortsinne »wohlgefällige« Kleidung die besondere Nähe zu einem Vorbild, einem Idol zu suchen. Für den Sohn ist dies oft der Vater, für die Tochter die Mutter mit ihren spezifischen, häufig moralisch wertenden Kleidungsvorgaben.

So ist es mir ergangen. Ich bin sehr früh in die für mich später so folgenschwere Falle der Anpassung hineingetappt. Ich habe immer geglaubt, dass ich die besondere Gunst meines Vaters irgendwann schon erlangen könnte, wenn ich nur alles so machen würde, wie es ihm wohlgefällig sein mochte. Also kopierte ich ihn und versuchte jegliche Reibungspunkte zu vermeiden. Ich trug deshalb schon mit fünf Jahren eine Krawatte, und als andere sich nur noch in Jeans wohl fühlten, mussten es für mich Jackett und graue Flanellhose oder gar ein Anzug sein. Kleidung war für mich damals nie persönliche Experimentierbühne, sondern sollte immer meine Nähe zum väterlichen Idol ausdrücken. Das konnte nur schief gehen, denn das inzwischen über die Kleidung ritualisierte Verhalten begann eine Eigendynamik, die mit meinen realen Lebensumständen nur wenig zu tun hatte. Je tiefer ich in der Depression versank, umso mehr wurde Kleidung für mich zum Gerüst meiner bedrängten Persönlichkeit. Mein verletzliches Inneres wurde im wahrsten Sinne durch Krawatte, Weste und Jackett zusammengehalten.

Auch wenn ich mein Verhalten heute im Rückblick als ein wenig peinlich empfinde, weil es so eindeutig einen gewissen Gesellschaftsgehorsam zeigte, so ist mir das Phänomen, dass Kleidung Halt geben kann, auch heute noch wichtig. Der Depressive ist immer bedroht, nahezu jeden Halt zu verlieren, mag häufig morgens nicht aufstehen, ist ausgesprochen antriebsarm und sexuell kaum noch interessiert – warum also das Balzgewand anlegen? In dieser Situation wandelt Kleidung offensichtlich ihre Bedeutung von der lockenden Erscheinung der Balz zu einem stützenden Außenpanzer. Als ich in den schweren Krankheitsphasen die Gefahr der Vernachlässigung spürte, habe ich mich instinktiv dagegen gewehrt. Manchmal mochte ich morgens nicht aufstehen und es wurde Mittag, ehe ich genug Kräfte und vor allem Mut gesammelt hatte, dem Tag zu begegnen. Selbst dann habe ich mich doch immer korrekt angezogen, um zumindest beim Blick in den Spiegel nicht das hässliche Gesicht der Verwahrlosung zu erleben. In diesem Sinne hat mir Kleidung immer auch Halt gegeben.

Später dann habe ich einmal meine Kleidungsrituale analysiert und mich gefragt, ob ich eigentlich so eingeschätzt werden möchte, wie ich mich bisher nach außen dargestellt hatte. Die Antwort war ein eindeutiges Nein. Und mit zunehmender Stabilisierung meiner Gesundheit habe ich gelernt, viel differenzierter mit Kleidung umzugehen. Heute bedeutet sie für mich nicht mehr nur soziales Korsett, sondern vor allem eine notwendige und in erster Linie dem Wohlbefinden dienende Haut. Ich trage auch heute noch gern eine Krawatte und zum richtigen Anlass einen Anzug oder ein Jackett. Aber inzwischen bin ich in der Lage, darüber selbst zu bestimmen, und lasse nicht mehr den Anlass oder soziale Erwartungen dieses oder jenes Kleidungsstück einfordern. In diesem Sinne habe ich mich auch in meiner Kleidung emanzipiert und heute ist sie sicher viel stimmiger als noch vor einigen Jahren.

Natürlich gibt mir Kleidung auch heute noch bei gewissen Anlässen Halt. Manchmal wiederum möchte ich in besonderer Weise wirken und mein Wohlbefinden zeigen. Und ein anderes Mal ziehe ich mich besonders gut an, um einem Gastgeber meine besondere Referenz zu erweisen. Neben den Fragen des Geschmacks ist Kleidung eine sehr differenziert zu bespielende Klaviatur der eigenen Persönlichkeit. Darum ist die Formulierung so treffend, dass manch ein Kleidungsstück wie eine zweite Haut sitzt. Solche sind mir heute die liebsten – mit ihrer Wirkung nach innen wie nach außen.

Einen Aspekt möchte und darf ich bei diesen Betrachtungen auf keinen Fall vergessen. Über viele Jahre hin zementierte meine Kleidung die Illusion eines fremden Ichs, das auf irreführende Außenwirkung bedacht war. In dieser Zeit meiner fatalen Anpassung habe ich aber auch ein umfangreiches Wissen aus der Welt der Kleidung, ihrer Rituale und der offenen wie versteckten sozialen Codizes angesammelt. Dieses Wissen kann ich heute situationsbedingt wie ein guter Kartenspieler oder Trickkünstler einsetzen. Jedes inszenierte äußere Erscheinungsbild setzt auf Einfluss, Macht und Manipulation. Nur folgerichtig kann es daher nicht schaden, sich in den Spielregeln dieses permanenten sozialen Duells auszukennen. Der Mensch ist des Menschen Wolf, es geht nicht immer friedlich zwischen uns Menschen zu, und auch Kleidung wird gerade im Berufsleben nur zu häufig als Waffe oder Schutzschild eingesetzt. Die Kenntnis dieser Mechanismen macht mich heute davon frei, alle geschriebenen und ungeschriebenen Konventionen einhalten zu wollen. Um die Konventionen aber zu wissen schafft die Überlegenheit, mit der man sie wieder verletzen und durchbrechen kann.

Auch wenn die Kleidungsvorschriften heute nicht mehr dem Diktat der Machthaber entspringen, ihre disziplinierende Wirkung hat Kleidung nicht verloren – im Gegenteil, wie es uns der Gruppenzwang im Umgang mit der so genannten Designerkleidung jeden Tag lehrt. Einen solchen Zwang erfolgreich abzuschütteln schafft Freiheit, ist Zeichen wahrer Persönlichkeit – die kleine Illusion mit der Kapitänsmütze eingeschlossen.

HILFT SEX?

Heute kann ich mit meinen Depressionen umgehen – für mich eine entscheidende Voraussetzung für guten Sex. Meine Lebensziele bestimme ich inzwischen selbst, frei von Illusionen und irreführenden Leitbildern. Von vielen Lebenszielen, die mir einmal wichtig zu sein schienen, habe ich mich weit entfernt, andere sind, wie ich heute weiß, für mich einfach nicht zu verwirklichen. Sex mit oft wechselnden, hinreißend schönen Mädchen war so ein Beispiel. Aber der dafür passende, ebenso hinreißend-attraktive Typ war ich nun einmal nicht. Und außerdem war ich depressiv.

Den Lust versprechenden Traum musste ich damals allein ausleben und mich auch noch zwangsläufig damit abfinden. Auch wenn die Zeit eine solche Wunde nicht heilt, so schafft dieses gnädigerweise doch die Einsicht – gepaart mit den Umständen. Dabei habe ich mich nicht unglücklich abgefunden, sondern inzwischen in ein als richtig empfundenes Lebensmuster eingefunden. Und ich muss mir nicht länger vorgaukeln, dieses wie vielleicht auch manch anderes illusionäre Ziel eines Tages doch noch erreichen zu können. Eine solche Einsicht befreit, denn das Thema ist damit abgeschlossen und nagt nicht länger ehrgeizig an der Lebenskraft. Nein, mein Ich hat heute seine Heimat neben Lust und Liebe auch auf anderem Feld gefunden – und was ich mir nie zugetraut habe, ist ganz unerwartet auch noch eingetreten: Ich habe Freude am Nachdenken, am Sinnen und daran, meinen Überlegungen Zeit einzuräumen, ohne immer gleich auch nach der effektiven Verwertbarkeit dieser Gedanken zu fragen. Und je mehr Zeit ich diesem neu entdeckten

Teil meines Ichs einräume, umso mehr fällt mir zu. Auch in der Lust.

Mit meinen gedanklichen Einsichten – nicht beim Sex! – geht es mir wie dem Jäger. Vom Haus aus lässt sich schlecht schießen, der Jäger muss halt, um Beute zu machen, sehr früh aufstehen und sich Zeit nehmen. Er wird das nicht immer freudig tun, aber er weiß durch Erfahrung, dass ihn die Stille der Natur, die Düfte des jungen Morgens und die Erwartung auf die Jagd beglücken werden, sobald er auf dem Hochsitz angekommen ist. Und auch wenn er nicht zum Schuss kommt, wird er diesen Morgen vermutlich genossen haben – schließlich muss er in der Regel nicht seine Familie durch die Jagd ernähren. Zufrieden wird er nach Hause zurückkehren, vielleicht sogar glücklich darüber, so mit sich und der Natur im Einklang gewesen zu sein. Nicht immer zählt der sichtbare Erfolg. Anders, aber ebenso beglückend kann es sein, sich auf das Warten einzulassen. Das Ergebnis ist dann umso unerwarteter. Und manchmal gibt es auch gar keines.

Wie anders ersehnen Männer Sex, wobei ich zugebe, dass ich bestenfalls Beobachtungen, in keiner Weise aber relevante Studien angestellt habe. Eigentlich ist es grotesk, den Kosmos von Zuneigung, Erotik, Liebe, elektrisierender Spannung, geteilter Lust und erlebter Sexualität auf ein Wort mit drei Buchstaben zu reduzieren: Sex. Bestenfalls käuflicher Sex verträgt dieses Kürzel, das in diesem Zusammenhang – Hilft Sex? – wie eine viel versprechende Heilungsformel anmutet. Nur hilft sie leider nicht!

Was verbinden wir Männer mit Sex? Zuerst einmal löst nahezu jede erotisierende Botschaft, unabhängig davon, wie deutlich sie formuliert, also sichtbar ist, den Wunsch nach Sex aus – schnellem Sex. Und wer sich als Mann kraftvoll, interessant und attraktiv empfindet, wird jede Gelegenheit nutzen, mit der viel versprechend hinreißenden Frau Lust und Sex zu erleben. Vor allem, wenn er ungebunden ist und keine Partnerin hat, die seine Lust zur Liebe kanalisiert – und damit, wenn sie es denn versteht, den Reiz der Liebe noch erhöht und unwiderstehlich macht. Sexualität, ob ersehnt oder erlebt, verbinde ich mit Kraft und Zuversicht. Lust verträgt keine Ablenkung – außer der inszenierten. Lust ist wohltuend allumfassend, spielerisch bis wissend-kalkulierend, kann kurz oder lang sein – das sexuelle Verlangen kennt hier weder Maßstäbe noch Grenzen. Ist es der Partnerin gegenüber echt, gilt ihr allein und ungeteilt die ganze Lust? In einem solchen Liebesverhältnis habe ich Sexualität immer als den viel beschriebenen beglückenden Kosmos empfunden. Derartige Lust kanalisiert das sexuelle Begehren auf die Liebe zur eigenen Partnerin und schafft es, zwar nicht die Augen des Mannes auf andere Frauen zu verschließen, aber seine Lustempfindungen glücklich in ganz selbstverständlichen Grenzen auszuleben. All das setzt Kraft voraus. Nicht unbedingt Potenz – die ist eher eine Funktion der Lust. Aber Kraft im Sinne von Lebenspräsenz, Lebensneugier und vor allem Zuversicht. Gerade über dieses Potenzial verfügt der Depressive nicht.

Wer, egal aus welchen Gründen, von erlebter Sexualität ausgeschlossen ist, wird überall und ständig sehnsüchtig den Verlockungen des Sex begegnen: Kaum eine Werbung verzichtet auf erotische oder ganz direkte sexuelle Bezüge. Keine erfolgreiche Zeitschrift kann dieses Thema meiden. In der Mode, so unsere derzeitige gesellschaftliche Übereinstimmung, dürfen nahezu alle Hüllen fallen und das, was objektiv verhüllt, ist eher noch darauf zugeschnitten, den auffordernden Reiz der Formen zu betonen. Für den einen beglückend, für den anderen bedrückend. Sex und seine Synonyme sind allgegenwärtig – aber für den Depressiven stellt sich erlebte Sexualität als das Glück der anderen dar. Er selber ist ausgeschlossen. Und er richtet seinen sehnsüchtigen Blick nicht allein auf schnellen, beglückenden Sex, sondern seine Sehnsüchte gehen weiter, viel weiter. Er träumt von einem normalen Leben in Gesundheit, frei von Bedrückungen und Zweifeln, frei von den Gefühlen der Minderwertigkeit und Aussichtslosigkeit. Gefangen im Spinnennetz seiner Krankheit, kann er sich gar nicht auf einen anderen Menschen einlassen, geschweige denn, sich ein geteiltes Glück überhaupt vorstellen. Was hat er denn zu bieten außer Krankheit? Nichts. Vor allem keine Zukunft.

Auch die Selbstdarstellung gehört zum Selbstverständnis – aller modischen Nachlässigkeit vieler Männer zum Trotz. Aber was ist dem Depressiven an Attraktivem geblieben, das sich nach außen wie nach innen darstellen ließe? Nichts. Zumindest in der Vorstellung des Depressiven. Und von nichts kommt nichts.

Natürlich ist es falsch, dass dem Depressiven nichts geblieben ist. Er ist jedoch Opfer seiner eigenen Wahrnehmung. Auch ist er nur selten jedweder Schönrednerei zugänglich. Würde er sich dagegen einmal ganz unvoreingenommen zurück in die Gesellschaft begeben – zum Beispiel die Hochzeit eines Freundes besuchen, so qualvoll das auch in der Erwartung des Glückes anderer sein mag –, so würde er feststellen, dass er bei weitem nicht der unattraktivste Mann des Abends ist. Ich habe all das selbst erlebt, habe jede Hochzeit aus Scham gemieden. Heute frage ich mich, wie ich meinen Blick so ausschließlich auf das scheinbar unerreichbar Schöne und Begehrenswerte habe richten können – nur nicht auf mich selbst und meine Ressourcen! Aber das sind die quälenden Auswirkungen der Depression: Konzentration auf Defizite. Das Abwägen des Machbaren oder gar das Hinauswachsen über sich selbst ist der eigenen Betrachtungsfähigkeit längst entrückt. Alles Objektive wird ins Relative hinabgezogen, alle Fähigkeiten werden an den vermeintlich größeren anderer gewogen und für zu leicht befunden.

94

Wie leicht fällt es mir heute, Eigenschaften und Fähigkeiten auch einmal spielerisch zu relativieren. Das Ergebnis ist dann ein ganz anderes, seit Generationen beschriebenes: Es ist nicht alles Gold, was glänzt. Und welchen Preis bezahlt so mancher, dass er nach außen glänzend strahlen kann, innerlich aber vor Sehnsucht nach einem anderen Leben verbrennt?

Wie ein großer Radiergummi vermag die Depression all das, was gestern noch die Substanz des Lebens war, auszuradieren. Der Lebenstext ist gelöscht und der Kranke steht vor einer leeren Seite. Aber wie sehnsüchtig fragt der Schriftsteller nach einem Stück Papier, wenn ihm ein guter Gedanke gekommen ist, der schnellstens aufgeschrieben gehört? Ein weißes Blatt kann also bedrückend und auffordernd zugleich sein. Einen fehlgeratenen Text zu überarbeiten, Teile davon auszuradieren und ganz neu zu formulieren – beim Dichter schätzen wir diese Fähigkeit hoch ein. Im übertragenen Sinne kann sie auch der Depressive auf sein Leben anwenden: wenn er bereit ist, sich einmal beobachtend neben sich zu stellen und von außen auf das eigene Leben zu schauen, um dann, einem Tagtraum gleich, gedanklich die notwendigen Korrekturen, Anmerkungen und Überarbeitungen in Angriff zu nehmen. So etwas funktioniert selten allein. Daher ist gerade bei einer solchen ersten Trockenübung zur Lebenskorrektur ein guter Therapeut oder Freund nicht nur nützlich, nein geradezu unerlässlich.

Sex als eindimensionale Befriedigung hilft nicht gegen die Depression. Wenn aber der Lebenskontext wiederhergestellt wird, sei es anfangs auch nur in der ersehnten Vorstellung, bekommt Sex in einem umfassenderen Sinn seine beglückende Rolle zurück.

Klare Lebensstrukturen bewahren vor dem Ertrinken

Der Motor des Lebens arbeitet plötzlich nicht mehr richtig – jeder Depressive weiß um dieses Phänomen der Antriebsarmut. Was gestern noch selbstverständlich funktionierte, ist eines Tages nur noch ein unzuverlässiges, schwächelndes Aggregat mit verdächtig unruhigem Lauf. Normalerweise dienen die dem Menschen angeborene Lebenskraft, Lebensfreude oder auch Lebenswille und Ehrgeiz als täglicher Kraftstoff. Manchmal können es auch, wie beim Depressiven, Lebensillusionen sein. Und wenn das Ziel, das mit dieser Kraftquelle angesteuert wurde, auch recht diffus war, so ging es doch zumindest scheinbar voran. Wenn die Krankheit sich jedoch verstärkt zeigt und viele angenommene Grundfesten sich als verhängnisvolle Lebensillusionen entpuppen, stellt sich das angesteuerte Ziel plötzlich selbst infrage. Die bisherige Lebenskraft schwindet und der Zusammenbruch des Lebensgefüges durch die Enttarnung als Illusionen erweist sich für den Depressiven als ein dramatisches Unwetter, dem er hilflos ausgesetzt ist.

Geradezu panisch sucht der Kranke nach Abhilfe. Aber wo beginnen? Bleibt man in dem Bild der versagenden Maschine, dann stellt sich die Frage, ob es überhaupt Sinn macht, diese zu reparieren? Ist es nicht besser, einfach nur Schutz gegen das Unwetter zu suchen? Was aber geschieht, wenn es anhält, wenn das Wasser über die Ufer tritt, der Strom reißend gefährlich wird und alles, Mensch und Maschine, mit sich fortspült? Wer sich eben noch gerettet glaubte, wird sehenden Auges in den Fluten versinken. Dann gibt es scheinbar keine Rettung mehr, keinen Halt. Für den, der nichts unternimmt, ist dies das Ende. Ein Ende, das der Depressive oft als unentrinnbar annimmt und sich deshalb in seiner wachsenden Antriebsarmut verloren gibt. Und dabei völlig vergisst, dass man die Maschine doch auch hätte reparieren können! Vielleicht würde ihm dabei sogar auffallen, dass das Unwetter nur in seiner Vorstellung stattfand und somit auch die Lebensbedrohung nur in seiner Angst existierte.

Wer wirklich einmal in einer lebensbedrohlichen und scheinbar ausweglosen Situation war, hat oft im Augenblick der tatsächlichen Gefahr gar keine Angst erlebt. Jedenfalls ging es mir so. Das Flugzeug, in dem ich saß, war im Landeanflug. Kurz vor dem Aufsetzen zog der Pilot die Maschine plötzlich mit aufheulendem Motor und offenbar letzter Kraft hoch. Meine Wahrnehmung verlief in diesem Moment eigenartig zweigleisig. Ich wusste, dass das Leben jetzt zu Ende ist, gleichzeitig aber spürte ich keine Angst. Wären wir in den nächsten Sekunden abgestürzt, ich hätte es vermutlich nicht einmal gemerkt. Alle Lebenssensoren, auch die Angst, schienen für wenige Sekunden zum Stillstand gekommen zu sein, einer Lampe gleich, der man den Strom entzieht. Wird der Schalter wieder umgelegt, leuchtet auch die Lampe wieder. Als sich die Situation unseres Fluges geklärt hatte und der Pilot die Maschine wieder in größere Höhe zog, setzte die Angst ein. Was war geschehen? War es gefährlich? Ist es jetzt vorbei? Werden wir überleben? Im Flugzeug breitete sich Unruhe aus, es roch plötzlich nach Kot. Einige Fluggäste hatten vor Angst in die Hose gemacht. Niemand nahm es ihnen übel. Kurze Zeit später waren alle nur erleichtert und freuten sich über die endlich geglückte Landung.

In der unmittelbaren Lebensbedrohung kann die Angst aufgehoben sein, in der diffus erwarteten Lebensbedrohung des Depressiven dagegen lauert sie überall. Wie viel Angst habe ich während meiner Depression ertragen müssen!

Jedes Ereignis, jedes Tun und jedes Unterlassen steht unter dem Zeichen der Angst. Angst zu versagen, Angst, dem plötzlichen Druck des Daseins nicht mehr standhalten zu können, Angst überall. In diffuser Angst stellt sich der schlecht vorbereitete Prüfling genau die Fragen, die er eben nicht beantworten könnte. Wenn ihm Zufall oder Glück nicht helfen, dann ist die Prüfung seines Lebens verloren. Kann der Depressive noch auf Glück oder Zufall setzen? Nein. Scheinbar messerscharf unterzieht er jede Lebenssituation einer gedanklichen Überprüfung. Aber jede dieser Prüfungen fällt negativ aus. Damit verlieren Selbstwert und Selbsteinschätzung jedweden Realitätsbezug. Es lohnt scheinbar nicht mehr, auch nur irgendeine Sache in Angriff zu nehmen. Die Ampel auf der Lebensstraße steht auf einem endgültig verordneten Rot. Am Ende geht nichts mehr. Aus Antriebsarmut ist Stillstand geworden.

Es ist eine bedrückende Lebenssituation: ausweglos, unfähig, etwas zu verändern, unfähig, dem Leben wieder etwas abzugewinnen, unfähig, auch nur einen Lebensfaden weiterzuspinnen, unfähig, aus eigener Kraft das Leben fortzusetzen. Bleibt als Bilanz nur noch der Wunsch nach dem erlösenden Tod. Was aber hat das Leben zum Stillstand gebracht?

Ein Feuer, dem man die Sauerstoffzufuhr unterbindet, stirbt. Das ist ein eindeutiges Phänomen, erklärbar und lösbar. So einfach fällt die Erklärung beim verglimmenden Leben eines Depressiven natürlich nicht aus. Was der Sauerstoff für das Feuer, scheint mir für den Depressiven das Selbstwertgefühl zu sein. Gespeist wird unser Selbstwertgefühl aus zwei Quellen: aus der Einschätzung durch andere und aus der eigenen Beurteilung. Befindet sich diese Waage etwa im Gleichgewicht und empfinden wir die beiden Schalen als gut gefüllt, so gibt es auch genügend Lebensinhalt. Das eigene Dasein wird nicht in Zweifel gezogen. Ändern sich aber aus irgendeinem Grund sowohl Gewicht als auch Beurteilung des Schaleninhaltes, kann unvermittelt die eigene Daseinsberechtigung infrage stehen.

Den Selbstwert zu beurteilen, ihn zu definieren und aus ihm die nötige Lebenskraft abzuleiten ist zentrale Lebensaufgabe jedes Einzelnen. Für diesen Lebenswert gibt es keine Kriterien – so will es auch unser ethisches Empfinden, in dem sich die Menschheit auf überzeugende Weise einig ist. Daran ändern selbst Wahnsinnstaten und Allmachtfantasien einzelner nichts. Es gibt Menschen, die den eigenen Lebenswert stets positiv sehen, der Sinnfrage immer eine Antwort entgegenhalten und dem Warum mit Tun oder Philosophieren begegnen. Nicht immer wird sich ein solches Leben ohne jeden Zweifel erfüllen. Wer sich jedoch in ein sinnvoll empfundenes Dasein eingebettet fühlt, findet all die notwendige Lebenskraft bis zum Ende der eigenen Tage – und auch das wird dann noch als selbstverständlich und gütig verstanden. Welches Lebensglück. Welche Lebensbewältigung.

Wer sich im Leben wirklich zu Hause fühlt, geborgen in der Heimat des Ichs, wird nicht nur seinen persönlichen Lebenswert richtig einschätzen, sondern auch stets in der Lage sein, sein Leben ereignisreich und positiv zu gestalten – für sich und andere. Dazu wird er im Laufe der Jahre Strukturen und Hilfsmittel entwickeln, die er bei Bedarf heranziehen kann, um seine Ziele im Großen wie im täglich Kleinen zu erreichen. Für den einen gibt es zur Bewältigung der Aufgaben nur das kreative Chaos als Stimulanz, für den anderen muss es der ganz rigide gesteuerte Tagesablauf in Inhalt, Form und Zeit sein. Ein wahrhaft breites Spektrum, denn im Leben ist alles möglich.

Natürlich ist alles möglich – aber eben nicht für den Depressiven. Auf dem Höhepunkt der Depression hat er allen

Halt, alle Ziele aus den Augen verloren und seine Antwort auf die Sinnfrage fällt stets negativ aus. Es fehlt ihm an Lebenskraft, meist auch an Hilfe und bald, wenigstens scheinbar, auch an Freunden und Weggefährten. In deren Gemeinschaft könnte er sich vielleicht wohl fühlen, meidet sie aber, weil er sie entweder nicht mehr erträgt oder sich ihnen nicht mehr gewachsen fühlt.

Wohlmeinende und aufmerksame Freunde erkennen die Veränderung, die sich im Leben jedes Depressiven breit macht. Sie sehen, dass er seine Aufgaben nicht mehr erfüllt, vielleicht sogar ein wenig verwahrlost, sich seinen Freunden entzieht und an der Legende der eigenen Vergangenheit festhält. Sie spüren auch, dass dringend etwas geschehen muss, um den Freund aus dieser für ihn schrecklichen Situation zu befreien – vielleicht fürchten sie sogar um sein Leben. Sie werden ihm hoffentlich dazu raten, ärztliche Hilfe zu suchen, und ihm anbieten, selbst stets bereit zu sein, ihm in seinen dunklen Stunden beizustehen und zu helfen.

Der Depressive kann häufig überhaupt nicht mehr real einschätzen, wie weit seine Kräfte und Fähigkeiten eigentlich noch reichen. Deshalb gilt es jetzt, ihm so oft wie möglich zu beweisen, ja nachzuweisen, was er eigentlich alles kann. Das beginnt bei Selbstverständlichkeiten wie dem morgendlichen Aufstehen, dem Einkaufen, der Körperpflege, den täglichen Pflichten im Haushalt, sportlichen Aktivitäten und dem Zusammensein mit anderen Menschen. Von beruflichen Pflichten mag ich hier nicht sprechen, weil sie ohnehin kaum noch wahrgenommen werden. All diese Fingerübungen des Alltags wird der Depressive als lächerlich abtun, erinnert er doch ständig seine viel weiter reichende Lebenspotenz noch vor geraumer Zeit. Seine jetzigen Fähigkeiten und Befindlichkeiten empfindet er als völlig unakzeptabel – seine Scham darüber wird seine Verzweiflung eher noch wachsen lassen. In dieser Phase der

Depression werden die Grundfesten seines Lebens erschüttert, alles wird infrage gestellt, das Ich liegt blank.

Genau an dieser Stelle hätte ich mir damals ein sehr rigides Eingreifen meines Therapeuten – und meiner Freunde! – gewünscht, nicht das beobachtende Abwarten, was aus dem Patienten jetzt wohl werden wird. Schafft er es oder schafft er es nicht? Der Depressive ist kein harmloses Bakterium im Reagenzglas, dessen Entwicklung man in Ruhe und mit Forscherinteresse verfolgen kann. Nein, es ist ein Mensch, der jetzt vor allem unter Zeitdruck steht, weil er das Leben nicht mehr erträgt und jede Stunde, die keine Erleichterung verschafft, ihn dem ersehnten Tod näher bringt.

Wirkliche Hilfestellungen gab es für mich damals keine, abgesehen von den wechselnden Medikamentenversuchen, die allerdings ohne jede durchschlagende Wirkung waren. Was ich brauchte, war eine Auszeit an Lebensverantwortung. Nicht in einem psychiatrischen Krankenhaus, nein, auch wenn mir das geraten wurde. Ich wusste, dass ich im Schutzraum einer solchen Klinik den letzten Lebensmut verloren hätte. Aber in der Bewältigung des Alltags hätte ich mir gern eine hilfreiche Hand gewünscht, um zumindest einigermaßen unbeschadet über den Tag zu kommen.

Instinktiv spürte ich in meiner dunkelsten Zeit, dass ich mir offensichtlich selbst helfen musste. Mein Leben stand auf der Kippe. Würde dieser letzte Versuch nicht erfolgreich sein, wollte ich meinem Leben ein Ende setzen. Ich wusste, dass ich mein Ziel nicht als Einzelkämpfer erreichen würde. Da ich damals allein lebte, fragte ich meinen Arzt, ob er mich für eine Zeit an eine Sportklinik überweisen könnte. Ich wollte erst einmal körperlich zu Kräften kommen und im Rhythmus des Klinikalltages wieder ein Gefühl für den geregelten Ablauf eines normalen Lebens finden. In der Klinik lernte ich mühsam, morgens wieder zu vernünftiger Zeit aufzustehen, zunächst einmal, weil ich mir vor dem freundlichen Klinikpersonal keine Blöße geben wollte. Aber neben der Konvention spürte ich schnell, wie gut es mir tat, überhaupt aufgestanden zu sein. Nach einiger Zeit empfand ich einen strukturierten Tagesablauf mit seinen ganz banalen Anforderungen wieder als segensreich normal. Die Wahl einer Sportklinik blieb nicht ohne Folgen für gewisse körperliche Herausforderungen und auch die taten mir ausgesprochen gut. Schließlich empfand ich erstmals wieder die Gemeinschaft mit anderen als wohltuend und schöpfte Kräfte aus den positiven Erlebnissen von Anerkennung, freundlichem Umgang bis hin zu fast vergessenen kleinen erotischen Erlebnissen. Dass mein Gehirn während der zurückliegenden Krankheitsphase offenbar keinen wesentlichen Schaden genommen hatte, konnte ich als regelrechte Beglückung empfinden. Die Waagschalen des Selbstwertgefühls wurden nach langer Zeit wieder zaghaft gefüllt.

Bewusst hatte ich eine Klinik weit von meinem Zuhause entfernt gewählt. Vor allem aber war ich nicht in einer psychiatrischen Klinik. Offiziell war ich trotz meiner jungen Jahre ein Herz-Kreislauf-Patient, kein Depressionskranker. Natürlich hatte mein behandelnder Arzt alle notwendigen Informationen über meinen wahren Zustand diskret an seinen Klinikkollegen weitergegeben. Auch das mit meinem Psychiater ausgehandelte Behandlungskonzept: keine psychiatrische Therapie, sondern Wiedereingliederung in den Alltag, sozial, körperlich und intellektuell.

Nach vier Wochen war ich, was das Einhalten notwendiger Lebensstrukturen anging, wieder in die Gesellschaft integriert und stand nicht mehr im Abseits. Mit diesem Gerüst des Selbstverständlichen war mein Zutrauen zurückgekehrt, zumindest den Alltag bestehen zu können. Jetzt konnte ich darangehen, ihn auch mit dem wahren Leben und seinen herausfordernden Inhalten zu füllen. Ich war auf dem Weg der

Besserung. Und das Geheimnis hatte sich mir als so einfach und selbstverständlich offenbart: Wer als Depressiver im Leben den Halt verliert, mag zumindest ausprobieren, ob nicht auch ihm klare Lebensstrukturen, Zeitpläne, angemessene Pflichten und alltägliche Aufgaben wieder Halt geben und ihn ins Leben zurückkehren lassen. Die wenigen Wochen in der Sportklinik waren gut investiert – an die wesentlichen Regeln dort halte ich mich immer noch.

Denn für mich sind heute gewisse selbst gefundene und eingehaltene Strukturen in meinem Tages- und Lebensablauf ganz selbstverständliche Hilfsmittel, den Versuchungen und Fesseln der Depression auszuweichen. Ich pflege diese Strukturen, ohne ihnen pedantisch zu erliegen, weiß um ihr hilfreich stützendes Korsett, ohne mich eingezwängt zu fühlen. Am wichtigsten aber ist für mich heute die Erkenntnis, dass eingehaltene Strukturen auch immer Bestätigung bedeuten: Ich habe es geschafft aufzustehen, ich habe es geschafft meinen Tag zu strukturieren und die anstehenden Anforderungen bewältigt.

In der Summe habe ich dadurch einen großen Erfahrungsschatz an Selbstbestätigung, auf den ich jeden Tag zurückgreifen kann. Was ich gestern geschafft habe, muss mir doch heute auch gelingen. Strukturen sind Hilfe zur Selbsthilfe und positive Erfahrungen der beste Schutz gegen den Einbruch des Selbstwertgefühls – sie werden zur selbst geschaffenen Heimat des Ichs.

KÖNNEN FREUNDE HELFEN?

In der Not gehen tausend Freunde auf ein Lot – sagt das Sprichwort und verweist auf falsche Freunde, die sich immer dann abwenden, wenn der einst so Umschwärmte plötzlich an Attraktivität verliert und in Schwierigkeiten gerät. Warum aber wenden sich Freunde ab, wenn jemand völlig unverschuldet in die Depression verfällt? Die Antwort ist schmerzlich, weil sie in diesem Fall nicht die scheinbar falschen Freunde, sondern den in depressive Not geratenen Kranken als den Verursacher entlarvt. Natürlich gibt es auch Freunde, die sich abwenden oder zurückziehen, weil sie mit Depressionen nicht umgehen können oder wollen, da sie ihnen vollkommen fremd sind und sie unsicher machen: Was darf ich dem Kranken zumuten? Stört ihn mein zugewandtes Interesse vielleicht? Mag er über seinen plötzlich so veränderten Zustand überhaupt reden oder ist es ihm eher peinlich? Fragen, die sich Freunde verständlicherweise stellen und irgendwann für sich beantworten – hoffentlich aus Einsicht und Kenntnis im Sinne des Kranken. Gerade in dieser Zeit aber, wenn die eigentlichen Freunde den lebensuntüchtigen Depressiven beobachten und Interesse für ihn aufbringen, macht dieser es ihnen schwer – und nicht umgekehrt die Freunde dem Kranken. Hier trifft das Sprichwort eben nicht zu, sondern genau umgekehrt wehrt der Kranke die Freunde ab, die er gerade in dieser Notsituation so gut gebrauchen könnte. Warum?

Depressionen verändern das Leben eines Menschen so umfassend, dass das gesamte Regelwerk sozialer Beziehungen und

Freundschaften nicht nur auf die Probe gestellt, sondern geradezu strapaziert wird. Die Radikalität, mit der diese Abkehr von den Freunden oft geschieht, hat eine teuflische Wechselwirkung: Die zurückgestoßenen Freunde fühlen sich brüskiert, der sich dann in Folge allein gelassene Kranke von ihnen verraten. Oft lässt sich diese Kausalität geradezu verspielter Freundschaften im Leben des Kranken erst nach vielen Jahren klären und verständlich machen – für beide Seiten. Nicht immer mit gutem Ausgang, weil die erfahrenen oder empfundenen Verletzungen auf beiden Seiten nicht reparabel erscheinen.

Die Vereinsamung des Depressiven ist eine Komponente der Erkrankung, die sich anders als Ängste, Schwermut und Lebensverzweiflung vermeiden oder zumindest abmildern lässt, wenn sowohl der Kranke als auch seine Freunde und Angehörigen den typischen Verlauf der Krankheit besser verstehen lernten, wenn Depression als eine Krankheit wie andere auch begriffen würde. Leider ist es nicht so. Zum einen versteht der Betroffene seine plötzlich veränderte Befindlichkeit meist selbst nicht, zum anderen wissen seine Freunde nicht mit einer solchen Persönlichkeitsveränderung umzugehen. Spätestens nach einer ersten ärztlichen Diagnose, in der der Begriff Depression genannt wird, fällt dem Erkrankten die Aufgabe zu, ganz pragmatisch alles zu tun, um das soziale Geflecht, in dem er sich befindet und das ihm bisher Halt, Zufriedenheit, Anregung und auch Anerkennung gegeben hat, unbedingt aufrechtzuerhalten. Dazu gehört als erster Schritt, seine Krankheit, die Depression, anzunehmen und sie nicht länger zu leugnen.

Die Diagnose Depression hat in diesem Zusammenhang eine ähnliche Tragweite wie die Diagnose Krebs. Heute hat jeder Verständnis dafür, dass der Krebskranke seine so unerwartet veränderte Lebenssituation gründlich überdenkt, dass er zuerst einmal verzweifelt ist, irgendwann den bestmöglichen ärztlichen Rat einholt und schließlich einer Erfolg versprechenden Behandlung zustimmt und wieder Mut fasst. Auch bei Schicksalsschlägen gibt es einen an Routine erinnernden Leidensverlauf, mit dem wir als Freunde und Angehörige von Betroffenen auf allgemein akzeptierte Weise umzugehen gelernt haben.

Von einem schwer an Krebs Erkrankten werden sich die Freunde nicht abwenden. Im Gegenteil. Wenn es echte Freunde sind, dann werden sie im Wortsinne mitleiden, sie werden versuchen, dem Kranken Halt und Hoffnung zu geben, werden ihn ihrer Zuneigung versichern und für ihn da sein – auch wenn sie das Krankheitsgeschehen nicht verstehen und beeinflussen können, selbst wenn sie sich vielleicht unter seelischen Schmerzen auf den baldigen Tod des guten Freundes vorbereiten müssen. Jeder auf diese Weise mit- und durchlebte Krankheitsverlauf eines Freundes ist gleichsam ein Memento mori – eine Aufforderung, an die eigene Sterblichkeit zu denken und das Leben zu nutzen. Dies war noch vor Jahren anders. Aber inzwischen reicht unsere gesellschaftliche Übereinkunft so weit.

Eine solche Akzeptanz hat die Depression bis heute nicht erfahren. Der Kranke ist auch deshalb lange Zeit bemüht, seinen Zustand zu negieren oder ihn zu verheimlichen. Dazu erscheint es ihm nötig, sich den Freunden zu entziehen, sich nicht zu zeigen, denn sie könnten die Veränderungen in seinem Leben wahrnehmen. Auf den sozialen Rückzug folgt der Erklärungsnotstand, der zur weiteren Abkehr von dem einst so wichtigen Kreis der Freunde führt. Im Umfeld der Starken hat der Schwache keinen Platz – so empfindet der Depressive. Er begreift seine Krankheit lange Zeit als Folge persönlichen Versagens, das ihn jetzt völlig zu Recht ausgrenzt. Geradezu seismographisch richtet er deshalb sein Augenmerk auf die vermeintlichen Stärken und Erfolge seiner Freunde und Mitmenschen und misst sich an ihnen. Jede solche Erfahrung entfernt ihn weiter von den Freunden, denen er sich dann irgendwann nicht mehr gewachsen fühlt. Er ist allein und endlich am Ziel seiner depressiven Projektion, er steht gedanklich und inzwischen auch wirklich vor dem Nichts, aus dem nur noch der Tod Erlösung verspricht.

Eine überwundene Depression hat in den meisten Fällen eine umfassende, alle Beteiligten überraschende Neuorientierung des Lebens für den einst Kranken zur Folge. Gewichtungen und Lebensprioritäten verschieben sich im Laufe der Genesung, oft tun sich ganz andere Berufs- und Lebensfelder auf und damit neue soziale Bezugsgeflechte. Manchmal auch ganz unerwartete Freunde. Welch ein Glück, welche Chance für das zurückgewonnene Leben, das wieder Zukunft verspricht und Glück.

An dieser Stelle sei angemerkt, dass die sich einstellenden Veränderungen im Leben des Depressiven oft unvorhersehbar und ganz unterschiedlich sein können. So kann sich infolge der Genesung sowohl der ganz große, strikt zielorientierte Karrierewunsch einstellen als auch die Erkenntnis, dass nach überwundener Krankheit Ruhe, Genuss und Kontemplation in den Mittelpunkt treten und die beruflichen Aktivitäten nur noch dem notwendigen Broterwerb dienen sollen. Die Depression ist nicht der Beginn einer Einbahnstraße in den Verzicht oder bedingt den Karriereknick oder gar das soziale Aus – im Gegenteil. Nach überwundener Depression ist wieder alles möglich, wirklich alles. Der wichtigste Proviant auf dem neuen Weg ins Leben ist dabei die Gelassenheit, denn die hat der einst Kranke als unverzichtbar erlebt. Jetzt wird gerade sie ihm auf dem Weg zu neuem Glück in besonderer Weise helfen können.

Gelassenheit, Dinge auf mich zukommen zu lassen, ihnen neugierig und ohne Angst begegnen zu können, war in meinem Genesungsprozess vielleicht die einschneidendste Veränderung.

Gelassenheit im Sinne von Standfestigkeit, nicht von Desinteresse. Wer Dinge gelassen angeht, sie nicht überstürzt erzwingen will, wird nicht nur sein Ziel erreichen, er wird vor allem auch ein Nichterreichen gut verkraften können. Schließlich gehören die kleinen und großen Niederlagen zum Leben dazu!

Was also können, was müssen Freunde tun, um zuerst einmal sich und dann die veränderte Lebenssituation des anderen, des Kranken, zu verstehen? Und was sollte der Kranke tun, um nicht seinen Halt im Kreis der Freunde zu verlieren?

Den Freunden rate ich, sich beizeiten mit dem Krankheitsbild Depression zu beschäftigen – im eigenen Interesse, vergleichbar einer Vorsorge, die wir ja auch bei den unterschiedlichen Krebserkrankungen als lebensnotwendig akzeptiert haben. Die Krankheit Depression mag auch uns irgendwann begegnen und dann ist es gut, mit ihr umgehen zu können. Unabhängig vom Wissen um diese Krankheit sollten wir sie zuerst einmal als wirkliche Krankheit, oft sogar sehr schwere begreifen und akzeptieren. Besteht hierüber endlich einmal Konsens, dann wird ganz automatisch auch der Umgang mit der Krankheit sehr viel selbstverständlicher. Dann können wir leichter auf jemanden zugehen, von dem wir erfahren haben, dass er an Depressionen leidet, wir können aktiv helfen, unterstützen und das Leben des Kranken vorübergehend erleichtern – so selbstverständlich, wie wir jemandem helfen würden, der sich beide Beine gebrochen hat und monatelang auf seine Genesung warten muss.

Wenn eine Krankheit als normal gilt, wird sie nicht länger verdrängt oder gar stigmatisiert. Die Freunde wüssten dann viel besser, mit dem oft abweisenden Kranken umzugehen, würden sich nicht so schnell entmutigen lassen und ihm vielmehr immer wieder zeigen, wie wichtig er als Freund ist – auch in der Krankheit. Dass man ihm zur Seite steht in seinen Zweifeln, seinem Unglück, seinen Schmerzen. Durch eine solche ständige Teilnahme am Geschick des Kranken bleiben ihm Zuwendung und kleine Bestätigungen erhalten, lassen ihn nicht in die totale Mutlosigkeit und Einsamkeit abrutschen. Auf diese Weise lässt sich die Gefahr der Isolation teilweise bannen und damit auch in gewissem Umfang die Gefahr des Selbstmordes, weil der Kranke in seinem regulierenden Wertesystem verbleibt und sich nicht ganz in die Irrealität seiner Negativsicht verliert.

Abkehr von manchen Menschen, auch von Angehörigen, langjährigen Freunden und Berufskollegen, gehört in den schweren Tiefen der Depression zum typischen Verhaltensmuster des Kranken. Er stellt alle bisherigen Lebensentscheidungen infrage, auch die seiner eingegangenen Beziehungen. Der Depressive legt immer wieder seinen anklagenden Finger in die Wunde der eigenen Unzulänglichkeit, um sich in seiner lebensverneinenden Haltung zu bestätigen. So gießt er gleichsam Öl ins Feuer seines eigenen Lebensgebäudes, um es dann schmerzlich-genüsslich abbrennen zu sehen.

Diesen Gedankenstrudel in den Abgrund des eigenen Lebens gilt es von außen zu durchbrechen, denn der Kranke wird es allein nicht schaffen. Hier sind neben dem behandelnden Arzt die Freunde gefragt. Und je normaler sie mit dem depressiven Freund umgehen, ihn auch weiterhin in ihr Leben einbeziehen, umso mehr und öfter wird er die Rückkoppelung eigener Kompetenz und Sympathie erfahren. Er wird sich auf diese Weise ganz langsam aus seiner stets relativierenden Betrachtungsweise befreien und Ereignisse wieder in einem auch für ihn selbst positiven Kontext sehen können. In dieser Situation können sich Freunde wirklich bewähren. Je mehr Erfahrung sie darin sammeln, umso besser und effektiver können sie helfen.

Machen wir uns nichts vor: Die Depression ist viel verbreiteter, als die meisten Menschen annehmen – aber sie wütet eben immer noch in der falsch verstandenen Verschwiegenheit. Bei Managern gilt es bis heute als besonders schick, über die eigene Maximalbelastung zu reden und über den drohenden Herzinfarkt, als wäre er geradezu die notwendige Krönung einer aufopferungsvollen Berufskarriere. Tritt dann nicht der Herzinfarkt ein, sondern die Depression, verstummen die markigen Sprüche ganz schnell und das Geraune beginnt, dass er sich wohl übernommen hat und den Herausforderungen nicht wirklich gewachsen war. Welch ein Unsinn! Jede Depression hat ihre Ursachen – Schwäche, Versagen, Unzulänglichkeit und Disziplinlosigkeit sind es nie! Sie mögen im Rahmen der Erkrankung auftreten, Ursache sind sie nicht.

Wenn die Freunde es schaffen, in ihrem Verhalten deutlich zu machen, dass sie die Kausalität der Krankheit nicht in einem Versagen sehen, sondern als eine in jedem Menschen angelegte Negativpotenz, die ebenso wie der Krebs auch nicht bei jedem ausbricht, dann wäre viel gewonnen – für beide Seiten, für die Freunde und den Kranken gleichermaßen. Dann wäre endlich auch die Depression vom Tabu befreit und wir alle hätten es leichter, mit ihr umzugehen. Schließlich kann sie jeden von uns treffen.

Sport muss doch helfen!

Wenn ich auf die vielen Jahre erlebter Depression zurückblicke, dann waren die meisten Ereignisse, wie sie scheinbar ineinander griffen und zeitlich abliefen, im Nachhinein irgendwie schlüssig. So beurteile ich heute auch mein Verhältnis und meinen Umgang mit dem Sport. Hätte ich nicht viel früher auf diese offensichtlichen Eindeutigkeiten reagieren müssen? Sicher, aber mittendrin in meiner Misere habe ich sie nicht erkennen können und zu deuten vermocht – meine Therapeuten übrigens auch nicht, was ich ihnen besonders übel nehme! Denn viele meiner Verhaltensweisen riefen geradezu nach Deutung und Veränderung. Umso faszinierender ist es heute, noch einmal darüber nachzudenken und meine Erfahrungen weiterzugeben. Es sind keine großen Erkenntnisse, um die es hier geht, sondern Lebenssituationen und Verhaltensmuster, mit denen fast jeder Depressive irgendwann konfrontiert wird und die er für sich meistern muss. Sport scheint mir dabei besonders angenehm und viel versprechend zu sein. Jedenfalls habe ich es so erlebt.

In der Schule fiel mir der Sportunterricht leicht – bis auf die Übungen, die ich als Quälerei empfand: Turnen am Reck oder Barren, wie überhaupt alle Übungen, bei denen das Gerät zuerst einmal Gegner ist, der den Turner schon bei kleinsten Übungsfehlern äußerst schmerzhaft bestraft. Auch Ausdauersport lag mir nicht, denn ich suchte im Sport vielmehr stets den schnellen Erfolg. Heute weiß ich, dass ich einen solchen Erfolg dann immer als eine gewisse Belohnung empfand, wie übrigens bei vielen anderen Verhaltensweisen auch. Davon ist in anderen Kapiteln die Rede. Es ging bei meinen früheren sportlichen Aktivitäten irgendwie nie um mich selbst, sondern immer um meine Wirkung auf andere. Daraus sog ich den Honig des Lebens – oder meinte zumindest, ihn zu saugen. Welche Illusion.

Ich konnte weit werfen, weit springen, die Kugel stoßen und gut Handball spielen. Dabei folgte der kurzen Anstrengung stets auch gleich das Erfolgserlebnis. Später kam Tennis hinzu, das ich meist aus dem Stand spielte, denn ich hatte ausreichend Technik und Ballgefühl, um auch einmal zu gewinnen. Aber Tennis ist ein Sport, bei dem man einen Gegenspieler braucht. Als meine Depression mit Anfang zwanzig immer bedrohlicher wurde, habe ich Verabredungen zum Spielen oft nicht mehr eingehalten, weil ich zu niedergeschlagen und kraftlos war. Ich gab gerade den Sport auf, bei dem ich unter Menschen hätte sein können, der mir hätte sozialen Halt geben können. Heute weiß ich, wie falsch diese Entscheidung war. In den folgenden zehn Jahren habe ich dann keinen Sport mehr getrieben, wurde um zwanzig Pfund dicker und entsprechend unbeweglich. Mein Tagesablauf war unregelmäßig, nur die Therapien folgten einem Plan. Aber der war viel zu weit gesteckt, sodass ich mir in der dazwischenliegenden endlos langen Zeit selbst überlassen war. Regelmäßig studieren oder arbeiten konnte ich schon lange nicht mehr. Ich hing deshalb am finanziellen Tropf meiner Eltern, während meine Schulfreunde bereits begannen, ihr eigenes Geld zu verdienen – ein unwürdiges Gefühl.

Irgendwie wurde mir klar, dass ich unter den bestehenden Bedingungen immer lebensuntüchtiger wurde und meine Genesung in immer unwirklichere Ferne rückte. Ich hatte inzwischen vollkommen verlernt, meinen Tag sinnvoll einzuteilen, mir Aufgaben zu stellen und diese in einem vertretbaren Zeitrahmen auch zu erledigen – selbst wenn es das Staubwischen in meiner Wohnung war. Hinter jeder vor mir liegenden Tätigkeit lauerte dagegen die Sinnfrage. Warum heute Staub wischen, wenn ich mir morgen ohnehin das Leben nehmen will? Die Frage war schlüssig, die Antwort musste es auch sein. Auf diese Weise schafft es der Depressive, jede seiner Handlungen einer Bewertung zu unterziehen. Naturgemäß müssen die Antworten negativ sein, weil die Motivation, die hinter den Fragen steht, teuflisch ist. Der Gesunde will in der Welt sein, deshalb plant und strukturiert er sein Leben, sucht den Erfolg, den Kontakt zu Menschen und will glücklich sein. Dem Depressiven sind diese Kategorien verschlossen. Er denkt im Gegenteil ständig darüber nach, wie er sich der Welt möglichst schmerzlos entziehen kann, weil er das Leben als ungeheure Bürde empfindet, unter deren Last er langsam zu ersticken droht. Auch mir ging es so, auch ich wollte eigentlich nicht mehr in der Welt sein. Deshalb habe ich mit mir selbst einen Pakt geschlossen. Ich wollte ein letztes Mal ausprobieren, ob ich überhaupt noch zu einem normalen Leben fähig war. Dazu musste ich meinem Tag erst einmal eine Struktur geben, feste Eckdaten, die vom Aufstehen bis zum Schlafengehen einzuhalten wären. Allein, das wusste ich, würde ich es nicht schaffen. Ich musste mich einer Institution anvertrauen, die feste Strukturen anbot: ein Krankenhaus. Gegen den stationären Aufenthalt in einer psychiatrischen Klinik hatte ich mich bisher erfolgreich gewehrt, schließlich war ich nicht »verrückt«. Sinnvoller schien mir eine Rehabilitationsklinik für Sportler und Herzkranke zu sein. Dort musste man ja von meinen Problemen mit der Depression nicht unbedingt etwas wissen, schließlich wollte ich im Krankenhaus ja nur über einige Wochen den Alltag simulieren.

Um jede »Flucht« zu erschweren, wählte ich wohl bedacht eine Klinik fast tausend Kilometer von meinem Zuhause entfernt. In der Überweisung meines Psychiaters stand zwar zwischen den Zeilen etwas von seelischen Problemen, aber auch nicht viel mehr. Der Sportarzt untersuchte deshalb auch nur meine Leistungsfähigkeit, bescheinigte meinem Körper einen schlechten Zustand und riet mir zu einem umfassenden Fitnessprogramm. Beginnen würde es morgens mit kalten Güssen, tagsüber waren unterschiedliche sportliche Betätigungen wie Gymnastik und Laufen geplant und nach dem Abendessen sollte mit einem langen Spaziergang der Tag ausklingen. Am Anfang fiel es mir unendlich schwer, mich in eine solche unverrückbare Tagesstruktur einzufügen. Aber das war ja abzusehen gewesen. Gleichzeitig wollte ich mich auch nicht vor den freundlichen Mitpatienten, denen es körperlich deutlich schlechter ging als mir, blamieren. Und auch vor dem Arzt und seiner Assistentin wollte ich mich irgendwie beweisen.

Das erste Lauftraining unter Anleitung einer Sportlehrerin musste ich schon nach hundert Metern wegen starker Schmerzen in den Schienbeinen abbrechen, aber beim zweiten Versuch am Nachmittag ging es bereits besser. Es folgten vier Wochen mit intensivem Training unter täglicher Anleitung und mit wechselndem Programm. Am Ende konnte ich wieder einigermaßen mühelos 5 000 Meter laufen und hatte auch noch zehn Pfund abgenommen, weil mein Arzt mich sinnvollerweise auf Reduktionsdiät gesetzt hatte – übrigens ohne dass ich irgendetwas vermisste.

Nach diesem vierwöchigen »Überlebenstraining« ging es mir sowohl seelisch als auch körperlich erheblich besser. Depressionen? Ich hatte während der ganzen Zeit in der Klinik kaum an sie gedacht – mein tägliches Aktionsprogramm und der strikte Tagesablauf hatten es einfach nicht zugelassen. Derart gestärkt galt es, Pläne zu machen. Zuerst einmal fasste ich meine Erfahrungen zusammen. Was hatte mir so gut getan? Es waren die beiden Komponenten »klar strukturierter Tag« und »sportliche Fitness«. Ich konnte es nicht leugnen, dass diese

Selbstverständlichkeiten, die den Lebensrhythmus der meisten glücklichen und gesunden Menschen bestimmen, auch für mich galten, den Depressiven in der Ausnahmesituation.

Natürlich war es zu Hause schwierig, den klar geregelten Tagesablauf des Krankenhauses allein auf mich gestellt fortzusetzen. Nun, da das Gerüst des Klinikalltags fehlte, hing ab sofort jede Entscheidung zu irgendeiner Aktivität allein von mir selbst ab. Ich schaffte mir daher ein Korsett aus sehr einfachen Haltestäben. Ich wollt3e jeden Tag angemessen viel Sport treiben, am besten morgens direkt nach dem Aufstehen 5 000 Meter laufen oder eine andere Sportart wählen. Jeder Sportart ordnete ich ein gewisses Punktekonto zu, das das Maß der Anstrengung festhielt. 5 000 Meter Laufen ergaben zwanzig Punkte, das Äquivalent der Laufzeit in Minuten. Schwimmen brachte ebenso viele, Radfahren nur die Hälfte, weil ich mich dabei weniger anstrengte. Die erzielten Punkte wurden in einem extra eingerichteten Sporttagebuch festgehalten. Jeden Tag, 22 Jahre lang, bis zu meiner Hochzeit, habe ich dieses Punktekonto akribisch geführt. Heute brauche ich es nicht mehr, denn inzwischen habe ich die sportlichen Aktivitäten als existenziell wichtig verinnerlicht, vergleichbar dem Automatismus des Atmens. Konnte ich einmal keinen Sport treiben, weil zum Beispiel die Wege im Park vereist waren, musste ich die Punkte zu einem späteren Zeitpunkt am Tag erlaufen und nachholen. Diese sportliche Disziplin habe ich in zweierlei Hinsicht schätzen gelernt und als für mich lebenswichtig erkannt: Zum einen war ich auf diese Weise stets körperlich fit, zum anderen hatte ich mir schon morgens einmal bewiesen, dass ich den Tag überhaupt aktiv angegangen war. Ich hatte etwas für mich getan, nicht für andere. Beide Effekte taten mir gut, stärkten jeden Tag aufs Neue mein Wohlbefinden und zeigten mir, dass ich nicht nur körperlich lebenstauglich war, sondern auch seelisch. Ich bin nicht vor meinen Depressionen weggelaufen, das kann niemand. Aber es ist mir gelungen, durch eine klare und unumstößliche Struktur, die ich für mich selbst akzeptiert hatte, der Depression keine Angriffsfläche mehr zu bieten.

Ich gestehe unumwunden ein, dass mir das Laufen selbst heute noch jeden Morgen erst einmal schwer fällt. Aber da ich um den heilsamen Effekt weiß und ihn tief verinnerlicht habe, kann ich mich überwinden. Es bedarf dann nur noch der ersten Schritte, bis sich das Gefühl einstellt: Du hast es wieder geschafft, der Tag gehört dir! Mit jedem weiteren Schritt wächst das Wohlbefinden, der Puls steigt, der Körper erwärmt sich langsam, die Bewegungen werden immer geschmeidiger. Durch meinen guten Trainingszustand laufe ich heute leicht, fast ohne Anstrengung. Ich habe ausreichend Kraft, die Natur zu genießen, selbst an Steigungen Gefallen zu finden, ja sie geradezu zu suchen, um dann am Ende des Laufes noch einige Hundert Seilsprünge als Aufbautraining anzuhängen. Das Sportritual endet mit einem großen Glas frisch gepressten Orangensaftes und anschließend, wenn der Puls wieder sein Normalmaß erreicht hat, mit einer ausgiebigen Dusche. Danach beginnt der Tag mit seinen beruflichen und privaten Aktivitäten – die Depression ist abgewehrt.

Sport? Hilft! Er sollte in der Depressionstherapie viel konsequenter angewendet werden.

Schicke Autos – eine Lösung für Männer?

Autos sind Symbolträger – und Männer lieben diese Symbole besonders, weil sie ihren vermeintlichen Status dokumentieren, manchmal auch interpretieren. In der Wunschhierarchie geht es hier vor allem um Macht. Auf dieses Wunschdenken, auf diese Illusionen haben sich Autohersteller in besonderer Weise eingestellt. Nicht nur Design und Preis vermitteln eine klare Botschaft, selbst der so genannte Sound eines Autos soll etwas über seinen Fahrer vermitteln. So setzt der extrem leise Motor englischer Luxuslimousinen, mit dem lediglich das Ticken des Sekundenzeigers der Uhr am Armaturenbrett konkurriert, auf die absolute Überlegenheit distinguierter Eleganz. Anders dagegen das keilförmige Design eines Sportwagens mit dem wilden Fauchen des großvolumigen Motors, das für alert-aggressive Präsenz steht, oder der unnachahmliche Klang eines deutschen Sportwagens, der ultimative Männlichkeit ebenso wie geschäftlichen und gesellschaftlichen Erfolg symbolisieren soll. Abgerundet wird diese Inszenierung aus Design, Sound und Preis noch durch die Düfte im Innenraum des mobilen Bedeutungsträgers, wobei ein dezenter, nie abnehmender Lederduft meist männlichen Autofahrern ein besonderes Wohlbehagen vermittelt.

Wie geht der Depressive mit dieser so offensichtlichen Symbolsprache um? Macht sie ihm eher Angst oder kann sie auch Vehikel für seine eigentliche Befindlichkeit sein?

Das »richtige«, mit Bedacht auf die eigene Person ausgewählte Auto in der stimmigen Farbe und mit entsprechenden Extras steht gleichsam für die persönliche, allerdings sich selbst zugeschriebene Bedeutung. Es ist Teil eines fein gesponnenen, sozialen Codesystems, das alle, die zur selben Gruppe gehören, gut verstehen und peinlich genau zu beachten suchen. Hier beginnt das Problem des Depressiven. Gehört er eigentlich noch wirklich zu seiner jeweiligen Gruppe? Hat ihn seine Krankheit nicht längst an eine ungewisse Stelle verwiesen? Oft tut sich der Depressive mit sozialen Codizes doch eher schwer und kann sie nur mit großer Mühe einhalten, nicht aber mit breiter Brust vertreten. Selbstbewusstsein ist für den Depressiven ja gerade eine Mangelware. Hält er an der Illusion seiner Gruppenzugehörigkeit fest – vom Motorradfahrer bis zum Segelflieger, vom Ökosendboten bis zum Esoteriker, vom Manager bis zum Aussteiger –, mag das dazugehörige Auto ihn noch eine Weile im sozialen Netz der Bedeutungsträger halten. Ist die Krankheit aber machtvoll, verblasst irgendwann auch dessen scheinbare Kraft. Dann ist das Auto nur noch ein Vehikel, das laute und schnelle Darstellungseffekte erlaubt. Wirkliche Veränderungen oder gar Heilungserfolge kann es jedoch nicht beeinflussen. Illusionen gehören zum Leben wie die Zigarette zum Cowboy. Illusionen stehen für Zerrbilder, die so lange harmlos belächelt werden können, wie man sich ihnen leichtfüßig entziehen kann. Wenn sich Illusionen aber verfestigen, wenn sie sich zu einem erwünschten persönlichen Lebensbild verdichten, bergen sie die Gefahr, das wahre Ich aufzuspalten in einen Teil, der in der Realität leben muss, und einen anderen, zweiten, dritten und auch vierten, die sich an Wunschbildern orientieren, die mit den vorhandenen Mitteln auf keinen Fall erreicht werden können. An dieser Stelle zeigt sich die Krankheit Depression mit voller Wucht – denn irgendwann entweicht die Luft aus dem Fantasiegebäude, die Träume platzen mit großem Knall. Die Folge: Lebensflucht, vollständiges Entrücken in die Illusion, oft auch extreme Todessehnsucht, um all dem persönlichen Elend schnell ein Ende zu setzen. Die Kräfte für den Lebenskampf scheinen aufgebraucht, bevor man sich ihm überhaupt stellt, und scheinen nicht regenerierbar. Welcher Irrtum! In dieser verzweifelten Lage verheißt schließlich selbst das schicke Auto keine Reize mehr und wird damit zum makabren Sinnbild der eigenen, verzerrten Lebensvorstellungen.

Wenn der Depressive aber während seiner Genesung dieses Zerrbild zu deuten beginnt, seinen falschen Lebensillusionen mutig ins Auge schaut und den Neuanfang wagt, dann mag für ihn auch das Auto noch eine Weile willkommener Panzer gegen die Unbilden des sozialen Kampfes sein. Jetzt kann es sogar helfen, die fatalen Illusionen zu umfahren – der Wirklichkeit entgegen. Damit verliert das Auto schließlich sogar seine symbolhafte Trägerschaft und wird vom Zwang der sozialen Erfüllung befreit. Eines Tages ist es nur noch ein notwendiges Fortbewegungsmittel auf vier Rädern. Mit dieser Einschätzung hat sich der Autobesitzer dann gleichsam aus den Fesseln seiner Illusion befreit.

Bis dahin ist es aber für den Depressiven ein langer Weg, um sich mühevoll aus der dunklen Klammer der Krankheit zu lösen. Dabei signalisiert jedes leise Aufkeimen eines Wunsches einen Schritt hin zur Genesung und jedes Quäntchen Freude birgt die Botschaft, zurück ins Leben zu wollen. Kauft das langsam erstarkende Ich plötzlich ein offensichtlich unpassendes Auto, kann gerade dies ein überzeugendes Symbol der Genesung bedeuten. Bei mir jedenfalls war es so.

Autos waren mir immer gleichgültig, sie dienten neben dem Fahrrad als notwendiges Vehikel zur Bewältigung größerer Distanzen, für Transporte und als »Fluchtfahrzeug«, um den drückenden Fängen der Krankheit zu Hause einmal schnell entrinnen zu können. So unwichtig, wie ich war, so unwichtig sollte auch mein Auto sein, unangreifbar in der Symbolik, übersehbar für potenzielle Gegner. Ein typisches Verhalten des Depressiven.

Als es mir nach endlos scheinenden Jahren besser ging, als ich mich endlich zu akzeptieren begann und ausloten wollte, was ich wirklich kann und wünsche, wollte ich eines Tages auch ein ganz besonderes Auto besitzen. Natürlich hatte meine Wahl Symbolcharakter, der sich jedoch schlecht deuten ließ. Lange genug hatte ich mich aus der gesellschaftlichen Umklammerung befreit, hatte mich zwangsläufig aber auch aus eigenem Antrieb heraus allen unnötigen Gruppenzwängen entzogen und war auf dem Wege zurück ins Leben. Meinen Form- und Qualitätsvorstellungen entsprach nur ein einziges Auto: das beste der Welt. Ich machte mich auf die Suche nach einem solchen Gefährt und stellte bald fest, dass das so genannte beste Auto der Welt nicht einmal teuer war – wenn es denn genügend Jahre zählte und jenseits von jedem Wunsch- und Markttrend stand.

Ein solches Auto kaufte ich, fuhr damit zu meiner Therapie ins 100 Kilometer entfernte Krankenhaus und genoss zunehmend meinen dahinschnurrenden Panzer. Nach dem ersten Wagen kam ein zweiter, der noch mehr meinen Wünschen entsprach. Aber auch ein bestes Auto der Welt hat seine Tücken, wenn es beinahe dreißig Jahre alt geworden ist. In der ersten Zeit kümmerte ich mich aufmerksam um alle Macken, die lecke Benzinleitungen und angeschlagene Batterien verursachten. Fast liebevoll diagnostizierte ich die Größe der Ölflecke unter der Karosserie und die zugewandte Sorge um mein angeschlagenes, aber gleichwohl stolzes Gefährt verschaffte mir eine intensive Bekanntschaft mit dem für mein Auto immer einsatzbereiten Monteur. Nachdem ich meinen Panzer ausgiebig genossen und nicht selten damit Unverständnis in meiner

Umgebung provoziert hatte, begann ich langsam abzuwägen. War mir dieser panzerartige Schutz noch wirklich wichtig oder überwogen schon die Nachteile der Unzuverlässigkeit? Hatte das Auto eigentlich noch eine Bedeutung für mich oder wurde es eher zur Last? Als es wieder einmal bei heißen dreißig Grad im Frühsommer auf der Autobahn liegen geblieben war, stand die Entscheidung fest: verkaufen, befreien von der rollenden Last, Ablegen des Symbolkleides. Ich brauchte es nicht mehr.

In der Rückschau bleibt dennoch ein vages Bedauern. Ich hatte mich – ganz unerwartet und allen Deutungen eines solchen Luxusgefährtes zum Trotz – in diesem Auto einfach sehr wohl gefühlt. Es passte in meine Lebensphase, war Zeichen meines Lebenswillens. An dem halte ich freudig und beharrlich fest – von einem schicken Auto träume ich im Augenblick nicht. Aber das kann sich ändern. Und ich wünsche mir noch viele, viele Veränderungen in meinem Leben. Nur an meinem Ich halte ich fest. Das soll sich mit keinem neuen Auto verändern. Darauf bin ich besonders stolz und fahre heute auch gern mit dem Fahrrad.

SAMMELN HILFT
GEGEN HEIMATLOSIGKEIT

Irgendwann vor vielen Jahren begann ich Dinge um mich zu sammeln. Heute ist mein Leben angefüllt mit den kleinen und großen Trophäen dieser Leidenschaft. Und erst heute entblättert sich nach und nach die Bedeutung des Sammelns in meinem Leben und meiner Krankheit.

In seinen Betrachtungen *Himmel und Erde* schreibt der ungarische Dichter Sándor Márai: »Mag sein, dass die Einsamkeit die Menschen zerstört ... Aber dieses Scheitern, dieser Bruch sind eines denkenden Menschen noch immer würdiger als die Anbiederung an eine Welt, die ihn zuerst mit ihren Verführungen ansteckt, um ihn dann in den Graben zu werfen ... Bleib allein und antworte ...«

Solange ich zurückdenken kann, habe ich mich allein gefühlt. Allein, aber nur selten einsam. Alleinsein bedeutet für mich, keine gedankliche Gefolgschaft zu haben, niemanden, der das eigene Tun und Lassen wirklich versteht. In diesem Sinne sind ganz viele Menschen allein. Hätte ich von der Erkenntnis des ungarischen Schriftstellers vor dreißig Jahren gewusst, hätte ich meine Depression vielleicht viel früher verstanden und sogar annehmen können. Häufig ist Alleinsein am Entstehen einer Depression beteiligt, ihre Folge ist es allemal. Denn je schwerer die Depression wird, umso mehr sucht der Kranke sich von der Außenwelt abzuschirmen. Sein Selbstwertgefühl sackt auf den Nullpunkt, er fühlt sich für andere vollkommen uninteressant und das Gewicht der eigenen Persönlichkeit scheint leicht wie eine Feder – bedeutungslos. Niemand hält es jedoch wirklich lange allein aus, denn immer fühlt er die drohende Einsamkeit herankriechen. Der Mensch ist von Natur aus ein Wesen, für das der Austausch mit anderen ebenso lebensnotwendig ist wie Nahrung oder Wasser gegen den Durst.

Auch jeder wahre Sammler lebt in diesem extremen Spannungsfeld zwischen Alleinsein und Suche nach Austausch, nach Verständnis in der Gemeinschaft. Sein Sammeln jedoch eröffnet ihm reale Chancen, das Alleinsein nicht in Einsamkeit rutschen zu lassen. Anders der Depressive. Oft empfindet er sich wie ein Eremit in dieser Welt. Eremiten aber waren stets Ausnahmeerscheinungen, an deren Ungewöhnlichkeit sich zu messen nicht sehr sinnvoll ist. Die Vorstellung als Eremit mag den Depressiven manchmal faszinieren, weil sie seinen Zustand der inneren Emigration adelt und eine scheinbare Normalität – wenn auch auf außergewöhnlichem Niveau – vorgaukelt. Nein, im Innersten will der Depressive etwas ganz anderes, nämlich normal sein, mit anderen Kontakt haben und in ihre Gemeinschaft aufgenommen werden. Er sehnt sich danach, dass Gesundsein auch für ihn wieder selbstverständlich ist.

Auf dem Weg dorthin kann Sammeln – anders als der komsumptive Frustkauf! – eine Halt bietende Lebensfacette sein. Das gezielte Zusammentragen von Dingen schafft, dem Bau einer Höhle gleich, die Haltestäbe einer eigenen Persönlichkeit. Dabei ist es ganz gleichgültig, ob einer mehr oder weniger ausgefallenes Blechspielzeug, seltene Kakteen, präparierte Schmetterlinge oder Kunstwerke sammelt. Wer sammeln kann, ist auf dem Weg aus der Isolation, denn niemand sammelt ausschließlich für sich allein. Letztlich sammelt man immer auch für andere.

Dem eigentlichen Kaufakt geht oft eine lange Geschichte voraus, in der man sucht, recherchiert, findet und schließlich entscheiden muss. Danach stellt sich für den Sammler die Frage, wie er sein neues Objekt in das schon Vorhandene einordnet und schließlich zeigt. Mit der Präsentation beginnt die Zeichensprache des Unbewussten. So bedeutet Sammeln von Kunstgegenständen, dass man sein Leben, seine Erkenntnisse und Lebenseinsichten durch Kunst sprechen lässt. Ernsthaftes Sammeln ist aber auch ein geheimnisvolles Laboratorium des Ichs. Kaufen und Verkaufen ähneln ebenso wie das Präsentieren und Verbergen langen Versuchsreihen, die einen Hauch von Alchemie bergen. Der leidenschaftliche Sammler will die letzten Dinge aufspüren: das Gold des Erkennens. Den meisten Alchemisten ging es um das Verwandeln wertloser Stoffe in das Allmacht und Glück versprechende tatsächliche Gold, also um das Haben. Besitz sollte Macht und Einfluss nach sich ziehen, und waren die erst erreicht, musste das Glück vollkommen sein. Welch ein Irrtum! Das Genesungspotenzial des Sammelns liegt für den Depressiven nicht wesentlich im Haben, sondern in der Möglichkeit, für das eigene Sein eine selbst gewählte Form zu schaffen. Sammeln kann auf diese Weise den Weg in die ganz persönliche Autonomie bedeuten. Erst später regt sich dann der verständliche Wunsch nach Austausch und Präsentation.

Mein erstes Bild kaufte ich auf einer Reise. Ich erwarb diese Grafik nur wenige Monate, bevor mir bewusst wurde, dass die mich immer öfter überfallende Traurigkeit tatsächlich eine Krankheit war, die einen Namen hatte. Ganz instinktiv hatte ich als Siebzehnjähriger ein Stück Sehnsucht gekauft, und ich spürte sehr bald, dass mit diesem papierenen Ausdruck von Kunst eine unentdeckte Tiefe in mir wirklich glücklich war. Was daran machte mich in meiner Situation so glücklich? Es war der unmittelbare Umgang mit dem nun eigenen Kunstwerk, einem Original. Es war ein erstes Stück innerer Heimat, aber das sollte ich erst viele, viele Jahre später erkennen.

Das Bild war das erste Kürzel einer Zeichensprache in meinen Händen, die ich erst langsam zu entschlüsseln beginne und von der die meisten Zeichen auch jetzt noch rätselhaft bleiben. Dieses erste aber ist heute für mich eindeutig: Das Blatt stellt eine freie, fließend abstrakte Form dar, vergleichbar einem Eimer Wasser, der voller Absicht über einer Zeichnung ausgeschüttet wird, um das eigentliche Motiv abzuwaschen. Meine Illusionen? Übrig blieben nur die Farbschleier in unterschiedlichen Grautönen oder ein »Alles fließt«. Der Gegensatz zu meinen damals fest gefügten Vorstellungen von Schule, Studium, Karriere und Beruf hätte nicht größer sein können. Hier war die starre Ordnung des Weltbildes meines Elternhauses, das traditionell auf selbstverständlicher Einordnung fußte, und dort war das Kunstwerk: Abbild meines beginnend konturlosen Lebens. Aber das wusste ich damals natürlich nicht zu deuten.

In den zurückliegenden Jahren habe ich mich viel mit dem Phänomen des Sammelns beschäftigt, vor allem, weil ich spürte, dort meine ganz eigene Heimat zu finden, die mir niemand würde zerstören können. Dabei merkte ich deutlich, dass ich beim Sammeln keinen Zuspruch von außen brauchte. Zum ersten Mal tat ich etwas nur für mich, und nicht, um Zuwendung, Aufmerksamkeit oder gar Liebe zu bekommen. Der entschiedene Sammler begibt sich gleichsam allein bei schlechtem Wetter auf einen ungesicherten Höhenweg. Im Bild gesprochen ignoriert er den Wetterbericht und die Stimmen der Einheimischen. Aber zu Recht, denn er weiß längst mehr über Wolkenformationen und Temperaturkurven und sein Instrumentarium ist so verfeinert, dass er auf die landläufige Meinung verzichten kann. Der wahre Sammler ist autonom – aber eben auch allein.

Sammlern wird häufig ein suchtartiges Verhalten nachgesagt. Das ist ganz falsch. Der Süchtige will sich der Welt entziehen, der Sammler sich in ihr einrichten. Eigentlich ähnelt er den Künstlern, deren Werke er sammelt, denn auch er will etwas sagen, zeigen und deuten. Nur vermag er es nicht wie der Künstler selbst durch die unmittelbare kreative Schöpfung und seine Botschaften bleiben dadurch oft verschlüsselt. Zwar sind sie einerseits für eine »Öffentlichkeit« gedacht, andererseits in der Außenwirkung so unbestimmt, dass der Sammler nur ganz selten Gelegenheit findet, sich wirklich mit seiner Sammlung verständlich zu machen.

Damit gelange ich zu den Wurzeln meines eigenen Sammelns. Solange ich zurückdenken kann, habe ich gemalt. Das konnte ich, das fiel mir leicht. Und schon damals, lange ehe mich die Depression quälte, wollte ich mit dem Pinsel auf dem Papier oder seltener der Leinwand eine Botschaft formulieren. Kreativ zu sein wurde aber rasch zu einem Dilemma für mich. Schließlich wollte ich Kaufmann werden und mindestens so erfolgreich sein wie meine Vorfahren. In meiner jugendlichen Gedankenwelt war ich fest davon überzeugt, dass sich diese beiden Welten nicht vertrugen. Ein Kaufmann hatte keine Zeit für Kunst und ein Künstler kein Gespür für Wirtschaft. Dass man beide Welten möglicherweise auf einem ganz anderen Niveau auch verbinden könnte, darauf kam ich nicht. Anders war es mit dem Sammeln – Wirtschaft und Sammeln, das ging in meiner Vorstellung perfekt zusammen.

In unserer Schule wurden in einem Glasschrank zwei Totenschädel als Bildmotiv verwahrt. Ich durfte sie als Einziger im Kunstunterricht herausnehmen und malen, was ich oft tat. In dieser Zeit, ich war gerade siebzehn, begann meine Depression. Auch wenn ich mich zu diesem Zeitpunkt noch nicht als Schädel unter der Erde sah, der Wunsch danach sollte schon bald einsetzen. Parallel zu meiner psychotherapeutischen Behandlung begann ich intensiv zu malen und zu sammeln. Mit dem Thema des Todes in der Kunst fand ich schließlich einen

Ausweg aus dem Wunsch nach meinem eigenen. Denn in der Kunst fand ich die mich innerlich so zerreißende Ambivalenz zwischen Lebenswunsch und Todessehnsucht wieder. Totentanz hieß das eine Thema.

Ich suchte Schädel aller Art, bald umgaben sie mich in Öl gemalt oder als Grafik von alten Meistern, wie drei kleine Schädel mit der Bildunterschrift »Memento mori«. Den Höhepunkt dieser Zeit und des eigenen Malens stellte das Geschenk eines Freundes dar. Er war während seiner Ausbildung nach Indien gefahren. Sechs Monate später kam er auf dem Rückweg in Afghanistan an einem Gräberfeld vorbei, auf dem ein Schädel vom Sturm freigelegt worden war. Die sengende Sommersonne hatte ihn inzwischen vollständig freipräpariert. Mein Freund hatte sich in Kabul eine prächtige Pelzmütze gekauft, in der er den Fund für mich mit nach Hause brachte und mir zum Geschenk machte. Zwanzig Jahre lang hat mich dieser Schädel fasziniert. Ich malte ihn, dachte über seine Herkunft und den Tod an sich nach und betrachtete ihn immer wieder mit interessiertem Blick. Irgendwann hatte ich das Thema schließlich überwunden. Ich brauchte ihn nicht mehr und habe deshalb das für mich lange Zeit so wichtige und kostbare Stück einer Bildhauerin geschenkt, die an diesem Thema arbeiten wollte. Die Geste schien wunderbar selbstlos, was sie gar nicht war. Ich hatte das Thema vom Tod und Totenkopf hinter mir gelassen und wollte den Schädel nur irgendwie loswerden, um mich von dem ständigen Anblick des Todes und meiner eigenen Todessehnsucht endlich zu befreien. Aber wohin? Es war immerhin der Überrest eines menschlichen Kopfes, den ich nicht so einfach in den Müll werfen konnte. Da kam mir eine interessierte Künstlerin gerade recht.

Verbindliche Rezepte gibt es für Sammler nicht, denn für jeden bedeutet sein Sammeln etwas anderes. Ich beispielsweise füttere damit meine Seele. Das klingt zugegeben etwas gestelzt, aber so erlebe ich es. Sammeln von Kunst ist für mich zu einem ganz persönlichen Lebensauftrag geworden, um mit meiner Krankheit fertig zu werden. Also sammle ich für mich, denn mein Sammeln ist Balsam für das eigene Ich in einer ganz anderen Dimension als der Freude am Konsum. So weiß ich heute, dass ich durch das Sammeln meine Mutlosigkeit überwinden, Stärke entwickeln und über mein oft zu klein empfundenes Selbst hinauswachsen kann. Ich spüre, dass ich auf diese Weise alles nachzuholen und auszuleben vermag, was so viele Jahre unterdrückt war und wurde – ob absichtsvoll oder nicht, werde ich an anderer Stelle beschreiben. Gegen diese Macht konnte ich mich lange, viel zu lange nicht wehren, zumindest hatte ich nicht die Kraft dazu. Der Depressive ist kein Kämpfer. Erst wenn er wieder Mut gewinnt und den Weg zurück ins Leben sucht, besteht Aussicht, auch gesund zu werden. So gesund, dass man sich in der schlafenden Krankheit einrichten kann.

Das Sammeln ist für mich zu einem Sinnbild geworden, dass ich von meiner Depression nur genesen konnte – und heute gesund bleiben kann –, wenn ich zulasse, mich mit den Dingen zu beschäftigen, die mir innerlich wirklich wichtig sind. Und das ungeachtet des tradierten Wertekanons meiner Herkunft. Um diese Dinge genießen zu können bedarf es jedoch der ständigen Anstrengung. Mein traditionelles Denken sagt mir beispielsweise, dass etwas wie Gartenarbeit reine Zeitverschwendung für einen erfolgsuchenden Mann ist. Überwinde ich mich aber und mache das, was mir persönlich gut tut, belohnen mich Glücksgefühle bisher ungeahnter Art. Auf diese Weise hat mich das Sammeln mit meinem Ich konfrontiert und mir Mut gemacht, zu sein, wer ich heute bin. Das war ein Geschenk. Die Kehrseite dieses Geschenkes ist für mich die ständige Pflicht, meinen eigenen Weg zu gehen.

Das Haben ist für den Sammler natürlich nicht unwichtig, für mich entscheidend aber empfinde ich das Sprengen der

Grenzen und Ketten, die das mutlose kleine Ich immer wieder ganz schnell bändigen wollen. Wie oft befrage ich heute meine innere Stimme nach der eindeutigen Antwort, wenn eine Entscheidung über ein neues Sammelobjekt ansteht. Häufig bekomme ich keine. Oft sind es unbequeme, manchmal falsche Antworten, aber die richtige gleicht stets einem Auftrag: Wage es, lebe deine Entscheidungen! Freue dich am Sammeln, denn das ist es doch, was dir so am Herzen liegt und dich glücklich macht.

Natürlich fällt dabei eine gehörige Menge Genuss ab, aber dominiert fühle ich mich von Pflicht, Last und Auftrag. Im Umgang mit prachtvoller Kunst wird mir das kaum jemand glauben, aber so empfinde ich es. Meine Krankheit habe ich heute überwunden, jetzt wartet an jedem neuen Tag das Leben auf mich. Ein wunderbares Gefühl, eine Mischung aus Freude, Stolz und Verpflichtung zugleich. Durch mein persönliches Sammeln habe ich mir meine innere Heimat geschaffen. Die Gedankenwelt dieser Heimat kann mir niemand nehmen, in ihr kann ich mich einrichten, sie schützt mich und gibt mir Halt. Rückhalt und Antrieb zugleich – und neben der Familie mein unverzichtbares Bollwerk gegen die Fangarme der schlafenden Depression.

Gesund leben oder berauschen?

Was für eine Frage? Werden wir doch jeden Tag durch Medien, Bücher und allerlei Ratgeber dazu angehalten, ein gesundes Leben zu führen. Disziplinlosigkeit und Genuss dürfen sich in diesem Lebensbild nur in engen Maßen wiederfinden und gar Rausch – egal welcher Art – signalisiert immer einen nachgiebigen Charakter. Dennoch sollte diese Frage einmal von beiden Seiten überdacht werden – vom Arzt und vom Patienten. Denn für den Patienten kann ihre Beantwortung von großer Bedeutung sein. Schließlich muss er sich während der Depression und auch später, wenn er aus dem ganz großen Tief heraus ist, immer wieder neu, beinahe täglich, in der Welt, in seiner Welt, einrichten. Das unterscheidet den depressiven vom gesunden Menschen, der sich bestenfalls seinen Launen stellen muss, sich aber nicht ständig durch die Wirklichkeit existentiell bedroht fühlt.

Ein Ausweg aus dieser Bedrohung sind für den Depressiven seine Lebensillusionen. Fast jeder erlebt während seiner Krankheit die Linderung durch verschiedene Arten von Rausch – scheinbare, wenigstens temporäre Erlösungen von den unsichtbaren Schmerzen der Krankheit. Nicht wenige Depressive »verordnen« sich selbst die Droge Alkohol, weil sie als lindernd empfunden wird und ihrerseits illusionäre Lebensvorstellungen nährt. Leicht kann dabei die Grenze zur körperlichen Sucht überschritten werden und nicht zufällig findet sich eine Häufung von Depressionen und Alkoholismus.

Der Kranke kann aber auch arglos in einen Dauergebrauch von Medikamenten geraten, die als gut gemeinte Angstlöser oder Schlafmittel, unkritisch verordnet und eingenommen, schnell zu einer körperlichen Abhängigkeit führen können. Und wenn ich zurückblicke, dann war das Gesundleben immer ein Wunsch, von dem ich durch die stetige Einnahme beruhigender Medikamente, die mir meine Ärzte lange Zeit verordnet hatten, weit entfernt war. Gesund war das, was ich meinem Körper über viele Jahre zugemutet habe, sicher nicht. Die Folgen einzelner Medikamente spüre ich bis heute.

Um es an dieser Stelle ganz deutlich zu sagen: Die medikamentöse Behandlung von Depressionen ist heute ein hoch entwickelter und nicht mehr wegzudenkender Baustein aus der Gesamtbehandlung dieser Krankheit. Der Griff zur Pille sollte nur nicht missverstanden werden als Ersatz für eine tiefer gehende Aufarbeitung der die Depression unter Umständen auslösenden und sie auch unterhaltenden Lebensillusionen. Allerdings kann eine moderne und wirklich differenzierte Medikamentenbehandlung unter Umständen den Kranken überhaupt erst in einen Zustand versetzen, der eine psychotherapeutische Beleuchtung der veränderbaren Aspekte einer Depression ermöglicht. Und manch ein ehemals schwer Depressiver wird seine tägliche Medikamentendosis zur Stabilisierung beibehalten müssen wie ein Zuckerkranker sein Insulin. Aber genauso wie manch Herzkranker nicht alle seine Tabletten unbedingt benötigt, braucht auch nicht jeder Depressive auf Dauer alle seine einstmals verschriebenen Medikamente.

Nur wenn er sich (mit oder ohne unterstützende Tabletten) mit den zerstörerischen Aspekten seiner Lebensillusionen auseinander setzt, wird er nach und nach gegen die Verlockungen eines rauschhaften illusionären Abgleitens resistent werden.

Die dem Genesenden verbleibende »Droge« heißt Genuss und ist Sinnbild eines körperlichen Vorganges, der offenbar die Schmerzen der Vergangenheit immer wieder neu überwinden, besser überdecken muss. Genuss bedeutet für mich heute eine gut handhabbare Waffe gegen die Depression. Erlebter Genuss zeigt mir, dass ich wieder richtig lebe, dass ich empfinden kann, dass meine Sinne aufnahmefähig sind. Wobei ich heute Sinne und Organe sicher häufig überstrapaziere.« »Gesund leben oder berauschen« sind also die Pole, zwischen denen sich der einst Depressive häufig bewegt. Der Kopf fordert das gesunde Leben ein, schließlich möchte der wieder Genesene all das aufarbeiten und aufholen, was er in der Zeit der Krankheit versäumt oder verpasst hat. Er spürt aber auch, dass genau das geradezu unmöglich ist. Es lässt sich nicht nahtlos an die Zeit vor der Krankheit anschließen – die Jahre der Krankheit sind verlorene Jahre, was das unmittelbare Lebensglück angeht. Sie sind aber auch offenbar notwendige Jahre, um sich überhaupt in der Welt einrichten zu können.

Die Zeit danach sieht später ganz anders aus. Jetzt gilt es tatsächlich, das eigene Leben zwischen den beiden Polen Gesundheit und illusionistischer Rausch neu zu definieren. Und wenn der einst Depressive keine wirklich schweren gesundheitlichen Schäden durch Abhängigkeit von Medikamenten oder Alkohol erfahren hat, dann weiß er dabei sehr wohl auf seine innere Stimme zu hören, die ihm sagt, was er tun oder besser lassen sollte. Das betrifft seine Ernährung ebenso wie den Konsum von Alkohol oder anderen zum Rausch neigenden Gewohnheiten. Depressive Menschen sind aber keine Heiligen. Das richtige Maß zu finden ist für sie ebenso schwer wie für den Gesunden. Vielleicht sind ihre Sinne jedoch geschärfter, die eigene Kontrolle ausgeprägter, das Wissen, was für sie gut oder schlecht ist, präziser. Das ist eine große Chance, die am Ende der überwundenen Krankheit steht, aber auch eine täglich drückende Last der besonderen Verantwortung: stets das Richtige für sich selbst zu tun, weil man gelernt hat, das für sich selbst Falsche vom Richtigen zu trennen. Schließlich bleibt der Depressive nur so stabil und gesund.

Als ich im Alter von siebzehn Jahren unserem Hausarzt von meiner ständigen Traurigkeit, meiner Verzweiflung und Todessehnsucht erzählte und ihn fragte, ob er mir irgendwie helfen könne, waren die Antwort ein starkes Beruhigungsmittel, ein Medikament, das die Angst lösen sollte, und ein drittes zur Aufhellung der Stimmung – so die Informationen der Beipackzettel. Die verordnete Dosis der Medikamente war anfangs nicht sehr hoch und doch spürte ich nach einigen Wochen eine merkwürdige Veränderung in meinem Körper, die ich aber nicht wirklich festmachen konnte. Eine leichte Müdigkeit und Mundtrockenheit machten mir zu schaffen, der Appetit war plötzlich geringer, die Körperkräfte hatten nachgelassen und damit die Freude an der Bewegung. Mediziner würden dafür den Begriff der unvermeidbaren Nebenwirkungen benutzen. Dass Krankheit etwas anderes ist als strahlende Gesundheit, war auch mir klar. Aber sehr klar war auch, dass dieser Medikamentenmix – sehr bald schon in erhöhter Dosis – keine Wirkung zeigte, jedenfalls keine positive. Mein Zustand hatte sich nach wochenlanger Einnahme der Medikamente nicht zum Positiven gebessert, im Gegenteil. Mit dem gleich bleibend schlechten Zustand stieg aber die Erwartung an die Medikamente. Und so wie der Landwirt gern nach der Devise »Ein bisschen mehr kann nur gut sein« den Dünger auf den Feldern verteilt, so suchen häufig auch Arzt und Patient in einer Erhöhung der Dosis oder einer Medikamentenvariation nach dem bisschen mehr an Erfolg. Oft stellt er sich nicht ein, aber die Erwartung an das eine oder andere Medikament wächst und damit allzu häufig auch die Abhängigkeit, zumindest die seelische.

Spätestens zu diesem Zeitpunkt weiß der Patient, dass sich ihm die Frage nach gesundem Leben oder Berauschen nicht mehr stellt. Mit der Fixierung auf Medikamente als alleinigem Remedium ist die Abhängigkeit vorgezeichnet. Es ist eine teuflische Abhängigkeit, weil sie eine Scheinlösung anbietet: Nicht der Patient ist für seine Genesung mitverantwortlich, sondern das richtig dosierte Medikament. Aber hat sich nicht der Depressive immer schon an anderen orientiert, an Leitbildern und Illusionen? Er hat doch immer ein wenig neben der Wirklichkeit gelebt. Ist es nicht geradezu folgerichtig, dass er an seiner »Wirklichkeit« festhält und sie zu bewahren sucht, bestenfalls durch Medikamente ein wenig verrücken lässt? Es kann sehr lange dauern, bis der Depressive endlich spürt und sich später auch eingestehen muss, dass er selber der »Ver-rückte«, der aus der Wirklichkeit Herausgerückte ist und dass er endlich den Weg zu sich selbst finden muss, um einmal sagen zu können, ich bin der, der ich bin.

Erst wenn dieser Zustand eines normalen Lebens erreicht ist, stellt sich die Frage nach dem Gesundleben oder Berauschen wieder. Erst wenn die Rauschmittel Hyperaktivität, starkes Rauchen, Alkohol- und Medikamentenmissbrauch oder gar Drogenkonsum als Vehikel entlarvt sind, die den Depressiven an den scheinbaren Sicherheiten und Illusionen festhalten ließen, erst dann stellt sich die Frage der Dosierung neu.

Ich selber habe nie Drogen genommen und kann auch deshalb nichts über ihre Wirkung sagen. Ich bin aber arglos in eine Medikamentenabhängigkeit von Beruhigungs- und Schlafmitteln hineingeraten, eine Abhängigkeit, die ich meinen mich damals behandelnden Ärzten heute vorwerfe. Denn als ich irgendwann aus freien Stücken alle Medikamente absetzen wollte – und dies auch mit dem Arzt besprochen hatte –, fand ich mich bereits in der ersten Nacht in der Hölle des Entzuges wieder. Natürlich griff ich noch in derselben Nacht wieder zu den Medikamenten, einfach weil ich den Zustand von Schlaflosigkeit, Unruhe und Angst vor dem Verrückt-sein nicht länger aushielt. Mir blieb nichts anderes übrig, als mich langsam aus dem Medikamentengriff zu befreien. Es hat Monate gedauert. Ich habe danach nie wieder ein Beruhigungs- oder Schlafmittel genommen. Nicht, weil ich zum beseelten Abstinenzler geworden war, sondern weil ich die Sicherheit gewonnen hatte, ohne »Illusionsverstärker« besser zurechtzukommen.

Geblieben aber ist der Wunsch nach dosiertem Genuss, gleichsam als Destillat meiner Erfahrung, dass ich heute weiß, was gesund leben bedeutet. Im Rahmen des Möglichen halte ich mich daran: Ich esse nur gesunde Nahrungsmittel, kein Junk-Food, esse in Maßen, wenn möglich in Ruhe und am gedeckten Tisch, als Zeichen dafür, dass Essen eine wichtige Lebensfunktion hat, die viel Genuss schafft, Freude bereitet und mir gut tut. Das muss kein opulentes Mahl sein, ein herzhaft belegtes Brot oder ein Salat haben dieselbe Wirkung und stehen für meine Lebenslosung: gut leben, gesund leben und frei von Illusionen.

Aber ich verhehle nicht, dass ich dieses Gefühl auch gern ein wenig steigere, indem ich abends, wenn meine Stunde der Depression naht, mit einem Glas Wein vorbeuge und gleichsam mein Sein provoziere, indem ich abwäge, was für mich gut ist: der Depression wieder Raum zu verschaffen oder ihr, wenn auch mit etwas Unterstützung, ins Auge zu sehen. Beim Lesen brauche ich heute eine Brille. Auf die Brille werde ich wohl nicht mehr verzichten können, da Lesen mein Lebenselixier ist. Auf Alkohol allerdings würde ich gern ganz verzichten können. Nicht der Gesundheit wegen, sondern weil ich weiß, dass ich die Depression wirklich erst dann ganz überwunden haben werde, wenn sie in meinem Leben keine Rolle mehr spielt. Das bleibt mein Lebensexperiment. Und so lange lasse ich auch die kleinen Realitätsfluchten zu und lebe. Es tut mir gut – auch wenn ich weiß, dass die Krankheit nur ruht, nicht aber wirklich überwunden ist.

Reisen – Flucht oder Glück?

Reisen – welche Assoziationen weckt dieses Wort! Reisen, nicht Urlaub. Urlaub ist ja, wie uns die Werbung gern weismachen möchte, vermeintlich die »kostbarste Zeit des Jahres«. Wie bedrückend müssen eigentlich Werbetexter und Reiseveranstalter ihr Leben an den verbleibenden 320 Tagen des Jahres empfinden, um zu einer solchen Einsicht zu kommen – mit der sie uns dann auch noch besondere Höchstleistungen für die Urlaubsplanung abfordern! Schließlich sollen ja die Erwartungen an das hoch gesteckte Ziel erfüllt werden. Oder versteckt sich hinter dieser unsinnigen Formulierung vielmehr die Botschaft, nur die Flucht in den Urlaub, also den Erlebniskonsum, schafft endlich für ein paar Tage ein als kostbar empfundenes Leben? Folgt man dieser Variante, dann steht der Depressive mit seiner Lebensverneinung gar nicht so allein da, wie er es immer empfindet. Leidet vielleicht die ganze Gesellschaft an Überdruss, dass sie so erpicht darauf ist, mindestens einmal im Jahr dem Alltag zu entfliehen? Manchmal scheint es mir so.

Reisen bedeutet im Gegensatz zum Urlaub etwas grundsätzlich anderes. Ehe der Tourismus erfunden wurde, weil zum ersten Mal viele Menschen freie Zeit hatten, die sie nicht dem Unterhalt und der Befriedigung der wichtigsten Lebensbedürfnisse widmen mussten, reisten neben den zielorientierten Kaufleuten meist Menschen mit einem bestimmten Erkenntnisinteresse. Heute würde man es Bildungsreise nennen, im Gegensatz zum Abenteuer-, Wellness- oder Aktivurlaub. Natürlich hat es auch in der Vergangenheit die Flucht in das Reisen gegeben. Mancher wollte auf diese Weise einer prekären Situation in der Heimat entgehen oder den Weg zu sich selbst finden. Goethe war ein berühmter »Flucht-Reisender« – so verließ er als junger Mann Weimar bei Nacht und Nebel mit unerklärtem Ziel, weil er sowohl seine Arbeitsbedingungen bei Hofe unerträglich fand, als auch Abstand zu einer heiklen Liebesbeziehung suchte.

Reisen waren früher im Wesentlichen Beschäftigungen einer hauchdünnen Oberschicht, die sich den Luxus von Geld und Zeit leisten konnte. Ihnen bedeutete Reisen eine willkommene Zäsur, um neben den gesellschaftlich diktierten Bildungsinhalten, die es sich anzueignen galt – Griechenland, Italien! –, in der Andersartigkeit der Kulturen und des Klimas vor allem auch das große Glück zu suchen. In vergangenen Zeiten war Reisen teuer, anstrengend, gefährlich und vor allem bedurfte es oft vieler Monate, um das Reiseziel zu erreichen, das Land zu bereisen und wieder in die Heimat zurückzukehren. Wer eine derartige Reise antrat, brauchte also vor allem Zeit. Allein dieser Zeitfaktor, die vielen Monate der Andersartigkeit in den täglichen Lebensbedingungen, des Klimas, der Sprache und der Menschen, brachte häufig schon eine notwendige Distanz, um die eigene Rolle im Leben entweder zu vervollkommnen oder sie erst einmal einzuüben, bevor man sie nach der Rückkehr in die Heimat »aufführen« mochte.

Reisen bedeutet immer auch diffuse Sehnsucht. Ein bedeutungsschweres Wort: die Sucht nach dem Sehnen, also nach dem Undefinierten, dem gefährlich Illusionären! Vielleicht trifft gerade dieses Wort sehr eindrücklich, was der Depressive im verschlossenen Inneren seines Ichs mit dem Gedanken an das Reisen verbindet. Wiederum meine ich nicht Urlaub, denn der kann höchstens auf Zeit ein wenig Abwechslung bringen, nach der sich der Depressive aber nur bedingt sehnt. Reisen ist neben der Existenz von Wünschen für mich heute ein wichtiger Ausdruck der Befindlichkeit des Depressiven, dem in seiner Kraftlosigkeit so manches Mal sogar das Sehnen verwehrt ist.

Und wenn ich meine Reisen in der langen Zeit der Depression heute Revue passieren lasse, dann verraten sie fast alle dasselbe Muster: Flucht auf der einen Seite des Wunschkatalogs und die unbestimmte Sehnsucht nach dem Glück auf der anderen. Welche Illusion! Und keinem meiner behandelnden Therapeuten ist damals dieses für mich heute so eindeutige Muster je aufgefallen. Nie hat einer auch nur im Ansatz nach den Inhalten und den Zielen meiner Reisen gefragt oder diese gar zu deuten versucht. Offenbar verbanden sie alle mit Reisen nur Urlaub, Ausblenden des Alltags für kurze Zeit. Aber wie aufschlussreich wären meine ständigen Fluchtversuche gewesen, wie gut hätte man Schlüsse aus all meinen Reiseunternehmungen ziehen können, sowohl, was ich sehnsüchtig suchte als ebenso zu vermeiden bestrebt war.

Wenn ich meine Tagebücher aus dieser Zeit heute lese, dann sind es offene, gut deutbare und im Wortsinne aufschlussreiche Bücher, deren Inhalt viel früher therapeutische Konsequenzen hätte nach sich ziehen müssen. Genau hier begegnen wir einem Hauptproblem des Depressiven. Was nützt alles buchhalterische Festhalten der Befindlichkeit, ob im Tagebuch oder im Kopf, wenn der Kranke daraus keine Schlüsse und kein Handeln ableiten kann? Nichts! Heute weiß ich um meine Versäumnisse, mein Festhalten an den falschen Lebensträumen. Als ich alles durchlebte, konnte ich meinen Blick nicht von der düsteren, unproduktiven Selbstbetrachtung in hellere Zukunftsfernen lenken. Der Preis, den ich dafür bezahlt habe, heißt Zeit, nicht gelebte, sondern erduldete Zeit. Dafür mache ich heute aber nicht meine gelegentlich sogar ignoranten Therapeuten allein verantwortlich – ich gab ihnen auch all meine minutiösen Wahrnehmungen meines Zustandes aus lauter Angst vor dem Leben gar nicht preis. Ich denke, in einem offeneren Zusammenspiel mit einem Therapeuten hätte ich bereits damals viele Zeichen anders deuten können, hätte wichtige Schlüssel zu meiner eingesperrten Persönlichkeit nicht nur liegen gehabt, sondern benutzen gelernt, um mich mit anderer und dann auch eigener Hilfe aus dem Schreckensverlies meiner Depressionen zu befreien. Hätte ich die notwendigen Veränderungen meines Lebens in kürzerer Frist eingeleitet, wäre ich sicher viel früher dort angelangt, wo ich heute stehe.

Es sollte nicht sein, aber vielleicht können es andere besser machen als ich. Dazu möchte ich all die ermuntern, die sich von der Fessel der Depression zu lösen versuchen. Eine Ermunterung von außen scheint in der passiven Falle dieser Krankheit fast ein absurdes Unterfangen. Dennoch kann vielleicht das Wissen helfen, dass man als Kranker seine letzten Reste von Aktivität zusammenkratzen sollte, um absolut notwendige Hilfe einzufordern und sogar den Mut aufzubringen, eine als wenig förderlich empfundene Therapie abzubrechen, um eine andere zu suchen.

Eine wirksame Therapie überlässt nicht allein dem Therapeuten das Diktat der Zeit, sondern schafft die Basis, gemeinsam das Mögliche zu ergründen und das Machbare auch umzusetzen: Ressourcenorientierte Therapie ist dafür heute der Begriff. Eine solche Behandlung bietet ein Konzept an, das auch den wesentlichen Faktor Zeit einbezieht – immerhin geht es um Lebenszeit.

Bereits der Gedanke an eine Reise verlieh mir stets die nötige Kraft, mich zumindest für kurze Zeit aus dem Tal der Depression ein wenig zu befreien. Ich reiste meist mit dem Auto und schon nach wenigen Kilometern, wenn ich die Stadt verlassen hatte, spürte ich eine gewisse Erleichterung. Mir schien die Last genommen, in der gewohnten Umgebung mit all ihren vermeintlichen Pflichten, Regeln und Erwartungen bestehen und funktionieren zu müssen. Reisen war also in erster Linie einmal Flucht. Ich fuhr nie ins Blaue, sondern plante meine Reise genau. Ich wusste, was ich sehen und erleben wollte, und ging keinerlei Risiko ein. Stets war alles gut vorbereitet – Flucht eben.

Der nächste Schritt aber, nach gelungener Flucht auch das Glück zu suchen, gelang mir erst nach vielen Jahren. Ich hatte einfach einen entscheidenden Fehler in meiner Lebensplanung. Ich wollte kein Risiko eingehen, fürchtete mich vor allem Unbekannten. Offensichtlich wollte ich an meinen unproduktiven Lebensillusionen festhalten, sie nur durch einen Ortswechsel ein wenig realistischer und erträglich machen. Ich wollte also nicht wirklich etwas in der Fremde erleben, das mich aus der Bahn werfen würde, sondern wollte mein Weltbild bestätigt finden. Und das kann relativ lange gut gehen, vor allem, wenn sich die Verhältnisse auf Reisen nur unwesentlich von den häuslichen Bedingungen unterscheiden. Dabei entlarven sich die Hitze Griechenlands oder die paradiesische Landschaft Italiens als gänzlich unbedeutende Parameter auf der Suche nach dem Glück. Natürlich habe ich auf meinen Reisen viel Wissen angehäuft, eine wirkliche Ausflucht aus der Depression oder das Finden des Glücks ist mir nicht gelungen. Sie konnten auch nicht gelingen, weil ich viel zu unkritisch mit meinem Leben umging.

Sehr früh hatte ich die Wohltat des Reisens für mich erkannt. Ich war auf Reisen irgendwie verändert und befreit, befreit auch vom unmittelbaren Druck der Depression. Kam ich dann zurück, verstrickte ich mich schnell wieder in die Fesseln der Krankheit. Der in der Ferne gewonnene Lebensmut schmolz dahin wie das Eis in der Sonne. Es war offensichtlich, dass ich in zwei Welten lebte, der scheinbar erträglichen in der Ferne und der unerträglichen zu Hause. Des Rätsels Lösung wäre so nahe liegend gewesen, wenn ich mich nur selbstkritischer hätte befragen können und weniger an meinen Illusionen festgehalten hätte.

Heute verbinde ich mit dem Reisen viele Qualitäten, vor allem aber das richtige Leben. Und wenn sich bei der Planung das Gefühl erneuter Flucht einschleicht, dann reise ich heute gar nicht erst los. Ich habe gelernt, erst einmal das auftauchende Problem zu lösen, das mich wieder in die Depression abrutschen lässt. Und auch das Glück suche ich nicht mehr in der Ferne – es findet sich ohnehin nicht. Aber wenn es mir auf Reisen gut geht, wenn ich Lust auf Leben und Abenteuer habe, also Kategorien, die ich mir früher immer versagt habe, dann spüre ich das Glück – es bedeutet einfach nur noch selbst bestimmt leben. Dann bedarf es keiner Flucht mehr. Und das Glück erfahre ich heute dort, wo ich es mir früher nie erträumt habe – in mir selbst.

Nach einem viel zu langen Weg des Suchens doch immerhin ein Ergebnis. Und wenn ich mir heute wünsche, meine Ziele früher und auf kürzerem Weg erreicht zu haben, so ist das nicht Unbescheidenheit, sondern Einsicht in die eigene Unzulänglichkeit, Passivität und falsch verstandene Genügsamkeit. Und noch immer frage ich mich, warum ich mir all das Leid so lange habe gefallen lassen. Es war falsch und unnötig. Die Fesseln der Depression lassen sich abstreifen. Handeln, nicht abwarten heißt die Botschaft. Und wer handelt, macht Fehler – so ist das Leben – der geschützte Kokon dagegen heißt Depression.

Bezugspersonen – der Anfang allen Übels?

Zwei Fragen haben mich während der vielen Jahre meiner Therapie immer wieder beschäftigt: Wie wäre mein Leben verlaufen, wenn meine Kindheit anders verlaufen wäre? Und wenn sie eine andere gewesen wäre, hätte ich dann nicht an Depressionen erkranken müssen?

Auch wenn sich diese Fragen nicht eindeutig beantworten lassen, so hat mir meine Therapie (eine Kombination aus Psychoanalyse und Gesprächstherapie) mit der Entschlüsselung der Bedeutung von Bezugspersonen eine plausible Antwort gegeben. Für meine Person waren tatsächlich in einem durch die Depression geprägten Leben – immerhin einem Zeitraum von über 25 Jahren! – Bezugspersonen der Anfang allen Übels.

Der Teil der Therapie, der dieser Frage auf den Grund ging und sich über Jahre hinzog, war der schmerzhafteste überhaupt. In den Hunderten von Stunden meiner Gesprächstherapie wollten wir das Prinzip von Ursache und Wirkung ergründen: Welchen Einfluss hatte das Verhalten meines Vaters, sein Verhältnis zu mir, auf mein weiteres Lebens und ließe sich durch ein Täter-Opfer-Profil ergründen, warum ich in die Depression gefallen war? Welche Rolle übernahm meine Mutter in diesem Lebensstück?

Heute kann ich mich über diese sehr intime Familiensituation äußern, weil ich in vielen Gesprächen mit Depressionskranken, aber auch in der Beobachtung scheinbar normal verlaufener Eltern-Kind-Beziehungen erfahren habe, wie stark der Einfluss von Bezugspersonen, meist den Eltern, auf das Leben der Nachkommen ist. Viele Deformierungen bis hin zur Depression konnte ich als ein massiv gestörtes Verhältnis von Kindern zu ihren Eltern deuten. Oft stellt sich mir diese Beobachtung wie eine Einbahnstraße des Leids dar – wobei zumindest ein Elternteil das Verkehrsschild mit dem verhängnisvollen Richtungsanzeiger aufgestellt hat. Ob ahnungslos, unabsichtlich, absichtlich oder gar vorsätzlich, spielt in der Wirkung keine allzu große Rolle, entscheidend ist die Verstrickung des Betroffenen beim Befahren dieser Einbahnstraße des Lebens, in der es über eine große Distanz weder ein Zurück noch eine Möglichkeit zum Abbiegen oder Überholen zu geben scheint.

Das Muster einer solchen Negativprägung ist häufig sehr ähnlich: Die Eltern wollen sich im eigenen Kind ein Abbild ihrer Vorstellungen formen, während das Kind in seiner emotionalen und existenziellen Abhängigkeit versucht, im familiären Miteinander möglichst viel Liebe, Bestätigung und Sicherheit zu erhalten – das notwendige Lebenselixier also, um eine eigene Persönlichkeit zu formen, die dann später in der Summe aller Gaben, Einflüsse, intellektuellen, sozialen und emotionalen Fähigkeiten das Rüstzeug zum Leben bedeutet.

Verläuft eine Kindheit unbeschadet, ist die Liebe der Eltern echt und zugewandt, ist sie großzügig und tolerant und sind die Eltern im besten Sinne neugierig, wie der Nachwuchs unter dem liebenden Schutz des familiären Nestes aufwächst, dann kann man eine Kindheit zu Recht glücklich nennen! Was aber, wenn die Eltern-Kind-Beziehung von diesem guten Pfad abweicht, wenn sich Irritationen einstellen und das Band der Liebe brüchig und mit unerfüllbaren Erwartungen, vielleicht sogar Illusionen befrachtet wird? Und was geschieht, wenn Eltern ihre Kinder, aus welchem Grund auch immer, irgendwann ablehnen, sie als störend empfinden oder gar auf ihren Lebensweg eifersüchtig werden, weil zum Beispiel ein Elternteil nicht mehr im Mittelpunkt der partnerschaftlichen Wertschätzung steht?

In all diesen Fällen kann es geschehen, dass das Kind tief im Unterbewussten spürt, wie die Nabelschnur der elterlichen Liebe spröde und brüchig wird und Gefahr droht. Dann versucht das Kind mit seinen Mitteln alles, um den Schaden einzugrenzen, versucht, auch weiterhin den Schutz für das eigene Ich zu bewahren und möglichst viel von der noch zwingend notwendigen Zuwendung zu erheischen. Schließlich ist das Kind noch lange nicht unabhängig und so weit herangereift, dass es der elterlichen Liebe nicht mehr existenziell bedarf. Die bedingungslose elterliche Liebe ist es schließlich, die dem Kind die Heimat des Ichs verschafft, es Wurzeln im Leben schlagen lässt, bis diese irgendwann so stark und verzweigt sind, dass das Ich auch in Stürmen nicht wankt und bestehen kann.

Sensible Kinder brauchen diese Heimat des Ichs besonders. Sie spüren seismographisch jede Unstimmigkeit im Verhältnis der Eltern zueinander und damit auch zu ihren Kindern. Schon kleine Irritationen lassen sie aufhorchen, als witterten sie eine tödliche Gefahr. Als einzige Waffe, die sie gegen diese Gefahren schützen kann, setzen sie ihre ganze Liebe zu den Eltern ein. Unter Umständen werden sie geradezu unterwürfig, aus Angst, Schaden zu nehmen oder den Schutz der vermeintlich so geliebten Eltern zu verlieren. In dieser Lebensphase der Ich-Findung, die mit der Adoleszenz einen ersten Abschluss erfährt, kann sich ein Kind in dem Wunsch, den Eltern nahe zu bleiben, in seinen vielfältigen Strategien verstricken und sich selbst dabei aus den Augen verlieren. Seine eigene Ich-Heimat gibt es zugunsten einer scheinbar heilen Welt, die das familiäre Miteinander noch immer bedeutet, auf. Die eigenen Wurzeln bilden sich nicht weiter aus, die sich abzeichnenden Lebenskonturen bleiben unscharf, jeder Konflikt mit den Eltern wird vermieden, um ja nicht neben den Verlustängsten noch weitere reale Verletzungen erfahren zu müssen.

Die Pubertät bedeutet ein erstes wirkliches Kräftemessen mit der älteren Generation, ein bewusstes, oft provozierendes Lernen und Umgehen mit der sich plötzlich so anders darstellenden Realität. Aus dem Spiel unter liebender Aufsicht wird das selbst zu verantwortende Abenteuer des eigenen Lebens. Nicht alle Kinder finden in dieser Zeit ihre Konturen und ihr Rüstzeug zum Überleben. Der Ich-Starke geht seinen Weg allein, der Sensible wie der Ich-Verletzte suchen auch weiterhin Halt im Schutz der Familie. Bekommt er ihn liebevoll, mag seine Reifeentwicklung vielleicht nur ein wenig verzögert ablaufen. Wird er ihm vorenthalten, scheint ihm etwas ganz Wichtiges, ja Lebensnotwendiges verlustig zu gehen und er irrt in seiner Ich-Findung umher – ein Heimatloser. Dieses Gefühl des Alleinseins kann ich nur als furchtbar beschreiben, ich habe es selbst über viele Jahre erlebt. Von den Eltern fühlte ich mich schon lange verraten, abgelehnt und innerlich verstoßen, fühlte mich wie ausgesetzt. Vor allem aber war ich wehrlos.

Wer seine Eltern liebt – und diese Liebe ist ein unabdingbarer Teil unserer Entwicklungsgeschichte und notwendig, um das eigene Überleben zu sichern –, kann sich nicht gegen seine Eltern wenden oder gar die Hand gegen sie erheben. Ein Kind mit einem starken Ich kann den Verlust elterlicher Liebe möglicherweise bewältigen und auch ohne größere Schäden erwachsen werden. Das Kind mit einem heimatlosen Ich trauert nicht nur dem Verlust des elterlichen Schutzes nach, es beginnt in der Pubertät jetzt auch zu spüren, dass ihm die notwendige Stärke zum Leben fehlt, dass es nicht nur um seine Kindheit betrogen wurde, sondern dass man ihm auch noch das Erwachsenwerden nahezu unmöglich macht. Die Einsicht in diese Hilflosigkeit habe ich mit 17 Jahren als erste Depression empfunden – ein Niedergedrücktsein, von dem ich mich viele Jahre nicht erholen sollte. Warum? Ich wollte den Schmerz über den Verlust der Eltern nicht zulassen. Deshalb hielt ich an der Illusion fest, sie doch irgendwann für mich zurückholen und noch einmal ihre Liebe erfahren zu dürfen. Ich wollte nicht wahrhaben, was offensichtlich war. Ich war allein, ohne bedingungslose elterliche Liebe und Zuwendung und unfähig, diese Situation zu begreifen und mich ihr zu stellen. Welch eine Lebensillusion!

Immer wieder habe ich auf diese Liebe gewartet, habe sie mit Geschenken, Zuneigung und einem den Eltern besonders wohlgefälligen Leben gleichsam zu erkaufen gesucht. Aber es war zwecklos, weil sie meine Sprache und meine Bedürfnisse nicht verstanden oder nicht verstehen wollten. Vielleicht waren sie auch hilflos, mit mir in adäquater Weise umzugehen, meine immer wieder aufbrechenden Wunden zu heilen.

Mit Anfang Zwanzig brach ich mein Studium ab, weil ich morgens nicht mehr die Kraft hatte, aufzustehen, und sann nur noch darüber nach, wie ich meinem Leben ein Ende setzen könnte, weil ich den Schmerz der Depression nicht mehr ertrug. Wieder einmal versuchte ich meinem Vater die eigene Ausweglosigkeit und daher meine Todessehnsucht zu schildern. Ich erhielt zur Antwort, er wüsste schon, wie er sich gegen mich zu wehren hätte, und ihn würde ich nicht mit ins Grab nehmen. Weder hatte ich diesen Wunsch, noch hatte ich ihn auch nur im Ansatz geäußert, aber ich wusste plötzlich, welche Bedrohung ich mit der Depression und ihren unverständlichen dunklen Seiten für meinen Vater darstellen musste. Meine Lebensverneinung zwang ihn eigentlich zum Nachdenken, zum Einlenken, zum Verständnis für mich – immerhin war ich sein Sohn! All das war ihm zu viel. Seine Botschaft war deutlich: Ich würde ihn, was auch geschehen sollte, nicht von seinem Lebensweg abbringen, nicht von seinen Prinzipien, seinen Vorbildern, seinen Zielen. Dafür war er bereit, selbst über eine Leiche zu gehen.

Fassungslos nahm ich diese Haltung zur Kenntnis und verließ das Haus, aber wirklich wehren gegen ihn konnte ich mich nicht. Es war, als hätte er einen Nebenbuhler unfähig gemacht, sich gegen ihn zu erheben. Und tatsächlich hatte er mich durch das Verweigern jeder väterlichen Hilfe fürs Erste besiegt. Von einem, der so krank und schwach war wie ich, ging keine unmittelbare Gefahr aus. Diese Strategie begriff ich erst viel später, als er selbst hilflos im Krankenbett lag. Ein letztes Mal bot ich ihm damals die Hand zur Versöhnung an, buchstäblich im letzten Augenblick wollte ich seinen zugewandten, liebenden Blick erfahren. Ich habe ihn nicht bekommen. Er hat seine Angst vor mir, vielleicht sogar seinen Hass, mit ins Grab genommen, unversöhnlich und uneinsichtig.

Wer die Kraft und Stärke des Ichs nicht am Beginn seines Lebens aufbauen konnte, bleibt lange wehrlos und unterdrückt. Erst wenn er versucht, das Versäumte bedingungslos nachzuholen, kann er sich von seinen Lebensillusionen und den damit verbundenen Gefährdungen befreien. Die Depression ist dafür eine harte, grausame Schule und ich wünsche jedem, dass er eine andere, bessere hat. Und wer sie durchlaufen musste, wird sie rückschauend weder als notwendig noch als Krankheit mit tieferem Sinn für das eigene Leben betrachten. Denn die Zeit der Krankheit ist verlorene Lebenszeit, von der man später bestenfalls sagen kann, dass sie wohl notwendigerweise zum eigenen Leben dazugehören musste. Viele haben diese Einsicht aber nie erfahren, weil sie sich dem Schmerz nicht widersetzen konnten und ihr Leben vorzeitig aus der Hand gaben. Da ich diesen Schritt auch für mich immer wieder als Lösung in Betracht gezogen habe, weiß ich um seine verführerische Seite.

Heute weiß ich aber auch, dass der Suizid für mich nicht wirklich eine Lösung bedeutet hätte. Ich hätte mich mit dem

Tod bestraft, anstatt meine Unschuld zu beweisen und die Haft der Depression zu überwinden. Aber diese Frage muss sich jeder selbst stellen. Ich weiß zumindest, welche Verzweiflung dem Schritt aus dem Leben vorausgeht. Damit ist der sich selbst zugefügte Tod immer die schlechtere Lösung. Wir sind hier auf der Welt, um zu leben. Selbst wenn das Beziehungsgeflecht zu den Bezugspersonen unserer Kindheit lange als unüberwindliche Verstrickung erscheint. Diese Einsicht ist mir erst sehr spät gekommen. Ich habe das Glück gehabt, sie erfahren zu dürfen. Diese Erfahrung mag allen, die am Leben verzweifeln, Mut machen. Mit Depressionen kann man irgendwann leben, verlassen werden sie einen nie. Aber man kann sich ihrer Macht widersetzen. Dabei ist das eigene Ich die hilfreichste Bezugsperson.

LESEN – ABER WAS?

Wer an Depressionen erkrankt, leidet doppelt: an seiner Krankheit selber und an dem Stigma, das diese Krankheit in unserem allgemeinen Bewusstsein noch immer besitzt. Das Tabu um Depressionen hat sich in den vergangenen Jahren zwar etwas gelüftet, noch immer kann der Depressive jedoch nicht unbedingt mit einer zugewandten und hilfsbereiten Reaktion seines Gegenübers rechnen.

Das liegt nicht allein an unserer weit verbreiteten inneren Abwehr gegen jede ernste Krankheit, sondern auch an der besonderen Schwierigkeit, als Außenstehender Depressionen zu erkennen, geschweige denn zu verstehen. Der Depressive trägt keinen Verband, sein Bein ist nicht gebrochen, er hat keine schwere Operation überstanden und liegt meist nicht einmal im Krankenhaus – sein unsichtbares Kranksein liefert seinen Mitmenschen einfach keinen Schlüssel zum Verständnis dessen, was ihn so abgrundtief quält, dass er sich oft nur noch den Tod herbeisehnt.

Und weil die meisten Menschen vorübergehende Niedergeschlagenheit kennen und gelegentlich erleben, können sie sich nicht vorstellen, dass es hinter einem verschwommenen Grenzland dieser Empfindungen eine ernsthafte, das Leben bedrohende Krankheit gibt.

Der Depressive befindet sich daher in einer permanenten Verteidigungshaltung, er muss seinen Zustand rechtfertigen, muss erklären, warum er oft nicht arbeiten, vielleicht nicht einmal im Haushalt helfen kann, dass ihm möglicherweise sogar das Aufstehen schwer fällt, er aber dennoch lesen kann und will. Das nach außen hin Disparate seiner Krankheit – hinlänglich kraftvolle Physis bei gleichzeitig stark eingeschränkter Lebenskraft, Antriebsarmut und immer mehr abnehmendem Lebenswillen – macht es anderen so schwer, für den Kranken und seine verbliebenen Aktivitäten Verständnis aufzubringen. Das gilt besonders für das Lesen, das sich ja die meisten von uns nur in der Freizeit erlauben können. Für den Kranken aber bedeutet Lesen unter Umständen einen der letzten möglichen Kontakte zur Außenwelt. Meist hat er sich im Zustand schwerer Depression schon lange von vielen sozialen Aktivitäten zurückgezogen, auch solchen, die eigentlich hilfreich für ihn sein könnten. Er kann einfach die Kraft dazu nicht mehr aufbringen. So reduzieren sich die Aktivitäten häufig auf den Rückzug in die häusliche Umgebung, was schließlich zur vollkommenen Isolierung führt – ausgenommen vielleicht die wenigen Begegnungen im Monat mit dem Therapeuten oder Arzt. Solche Krankheitsverläufe sind typisch und können sich über Jahre hinziehen, wenn die Behandlung nicht sehr strikt und mit klarem Programm erfolgt.

Aber warum soll das Lesen für den Kranken etwas anderes bedeuten als für den Gesunden, nämlich eine angenehme Bereicherung des Lebens, für die wir uns ja alle mehr Zeit wünschten? In der Phase des ganz zurückgezogenen Lebens mit den unendlich langen Tagen, an denen nichts wirklich Wichtiges geschieht, in denen es keine Abwechslung gibt, keine positiven Erlebnisse oder gar Erfolge, ist Lesen oft der einzig verbliebene Kontakt zur Realität. Für den Depressiven bedeutet Lesen also häufig etwas ganz anderes. Für ihn ist es harte Arbeit und intimste Konfrontation mit sich selbst! In der Zeit der absoluten Hoffnungslosigkeit steht er nicht nur vor der Frage, was er lesen kann und soll, sondern vor allem, warum. Dieses Warum ist besonders drückend, denn schließlich ist ja die tägliche Antwort dem Leben gegenüber auch stets ein

Nein. Ein Nein aus Kraftlosigkeit oder fehlendem Mut oder überwältigender Angst.

Und beim Lesen soll es anders sein? Warum? Lesen lässt den stillen Dialog mit dem Text zu und bedarf nicht der realen Konfrontation mit Menschen, Pflichten und Erwartungen. Beim Lesen kann sich der Kranke selbst Antworten suchen, ohne eines Gesprächspartners zu bedürfen. Die Frage nach dem »Was soll man lesen?« ist dabei eher unerheblich. Für den Kranken gibt es keine richtige oder falsche Lektüre. Vielleicht wird er akribisch nach Büchern suchen, die sich um Selbstmordschicksale ranken, vielleicht wird er gerade diese äußerst angstvoll meiden und sich eher mit der Lektüre der Tageszeitungen beschäftigen.

Harte Arbeit ist das Lesen auch, weil ein schwer Depressiver allzu oft erleben wird, dass er sich am Ende des Tages nach dem Inhalt fragt, den er gerade gelesen hat. Manchmal wird er beim besten Willen nichts erinnern können, weil er nichts vom Text wirklich aufgenommen hat. Zur allgegenwärtig lauernden Angst und der Vorstellung vom eigenen Versagen gesellt sich nun auch noch drohend das Gespenst, wahnsinnig geworden zu sein. Warum sonst behalte ich nicht einmal mehr einen soeben gelesenen Text, warum kann ich mich nicht an die wesentlichsten Passagen erinnern? Worauf kann ich mich eigentlich noch verlassen, wenn auch noch der Kopf versagt?

Solche Erlebnisse machen mutlos, sie sind beängstigend und schüren so die ohnehin vorhandene Angst des Depressiven, der letzte Rest seiner Lebenskraft droht zu schwinden. Auch wenn man es als akut Kranker nicht glauben mag, die einzige gute Nachricht ist, dass diese Phasen vorübergehend sind, obwohl sie durchaus Monate anhalten oder immer wieder noch einmal zurückkehren können. Die Angst vor möglichem Wahnsinn ist jedoch unberechtigt, denn nur in seltenen Fällen mischen sich in die Depression Züge einer tatsächlichen wahnhaften Geisteskrankheit. Wenn der Kranke selbst nicht in der Lage ist, diese Beeinträchtigung als temporär anzusehen, so dürfen Angehörige, Freunde und Therapeuten nicht müde werden, ihm Mut zu machen, dass diese Zeit vorübergehend und mit der Besserung der Depression verschwinden wird. Kann der Kranke aber wieder lesen, kann er Texte aufnehmen und für sich verarbeiten, so wird er bald ein feines Gespür entwickeln, was er recht gut lesen und behalten kann und an welchen Stellen das Lesen ihm nur schwer fällt und keinen Trost bietet.

Ich habe in der Zeit meiner schweren Depression viele Biografien gelesen, vor allem über Künstler und Politiker. Die Leben anderer von außen zu begreifen war mir wichtig, vor allem ihre Schwächen und Stärken zu erkennen brachte mich in meinem eigenen Lebensverständnis weiter. Viele der beschriebenen Personen waren in ihrem Leben krank gewesen, körperlich und seelisch. Ich erfuhr, unter welchen Prinzipien diese Menschen ihr Leben eingerichtet hatten, verkürzt durch den Zeitraffer der Biografie. Wie waren sie zu dem geworden, was sie für andere so interessant macht, was ist an diesem oder jenem Leben das Besondere, das es in einer Biografie festzuhalten gab? Es waren Lebensspiegel, die ich mir vorhielt, um mich an ihnen zu orientieren. Dabei war die Bedeutung der dargestellten Person nicht wichtig, wesentlich war, wo sie Übereinstimmung mit meinem Leben besaßen und wo entscheidende Gegensätze lagen. Irgendwo in der Mitte dieser Leben wollte auch ich meinen Platz finden. Gelesenes Leben wurde nicht zum Ersatz meines eigenen Lebens, aber es eröffnete ein Übungsfeld, mich neu in der Realität einzurichten. Je mehr ich las, umso mehr konnte ich plötzlich memorieren. Und immer wenn ich ein Buch oder einen Text las, der mich verhängnisvoll in die Welt meiner gefährlichen Illusionen zurückzuholen drohte, dann spürte ich, wie schwer es mir fiel, den gelesenen Inhalt wirklich aufzunehmen und ihn später auch zu behalten.

Vielleicht war Lesen einer der hilfreichsten Schritte, mir eine neue Welt aufzubauen, zurückzufinden in eine Realität, der ich mich gefahrlos stellen konnte. Ich wurde rigoros dabei. Was mir Angst machte, vermied ich entschlossen, was mir Freude machte, versuchte ich in Zeit und Intensität auszudehnen. Ich spürte, dass in dieser Zeit des vielen Lesens etwas ganz Wesentliches mit mir geschah – meine Ich-Werdung. Ich begann in der angelesenen Welt eine Heimat zu finden, mich selbst. Aus dem Lesestoff entwickelten sich erste Ausflüge in die Realität, gleichsam, um meine Kompetenz zu testen. Die sozialen Kontakte, die sich daraus ergaben, waren ganz andere als vor dem Beginn meiner Krankheit. Ich eroberte mir auf diese Weise eine neue, aber schon immer in mir angelegte Welt, fand plötzlich, wohin ich gehöre und wer ich bin. Dabei entdeckte ich auch viele Schwächen an mir, aber nicht mehr als bedrohliches Defizit, sondern als durchaus verkraftbar und einstufbar.

Diese grundsätzlich veränderte Lebenssicht, mit der ich die Besonderheiten und Fähigkeiten zur Grundlage der eigenen Biografie machen lernte, ließ mich die Welt unter ganz anderem Vorzeichen betrachten: Die Frage war nun nicht mehr, was ich unbedingt können muss, was unbedingt von mir erwartet wird, welcher Illusion ich also nachzulaufen habe, sondern die Frage war: Was tut meiner Persönlichkeit gut? Dabei stand nicht müßiger Lebensgenuss im Vordergrund, im Gegenteil. Ich wollte das eigene Leben endlich gestalten – auch bei ungewissem Ausgang der selbst gestellten Aufgaben. Gemachte Fehler wurden nicht mehr automatisch zu Niederlagen, sondern Signale zur Korrektur. Nach und nach schwand die Angst, eben solche Fehler zu machen. Der Weg wurde langsam frei für eigenes Handeln.

Über den zeitweiligen Rückzug in das gelebte Leben anderer hatte ich, ohne irgendwo besondere Anlehnung zu suchen, meine momentane Position im Leben gefunden. Vieles von dem, was ich in der Zeit meiner Krankheit gelesen habe, war letztlich unwesentlich und ist inzwischen auch verblasst. Vieles aber war wichtig, führte zu besonders stimmigen Anreicherungen, einem Schneeball gleich, der beim Abrollen des Lebens immer umfangreicher und im Wortsinne schwergewichtiger wird. Inzwischen ist neben die über Bücher miterlebte Welt auch wieder die Realität getreten. Erst das Wechselspiel aus Lektüre und Anwendung macht wirkliches Leben aus. Je spielerischer und nicht immer nur zielgerichtet ich heute meine Lektüre angehe, also die Wissens- und Interessenpole immer weiter stecke, umso stimmiger wird der eigene Lebenskosmos – so groß oder klein er in der Wertschätzung anderer auch sein mag. Sich selbst wichtig zu nehmen, seine eigene Biografie zu schreiben ist nun einmal unsere Lebensaufgabe, der sich der Depressive lange verweigert. Nimmt er aber das Leben an, findet er endlich seine Heimat, wird seine Biografie auch stimmig. Er selbst wird sie dann als rund und gelungen empfinden – kommt es nicht darauf in erster Linie an? Mit den unvermeidlichen Lebensmaßstäben der Gesellschaft, in der er lebt, wird er sich dann auch arrangieren können. Oft besser als mancher andere.

Kann Depressions-
literatur helfen?

Die Antwort ist eindeutig: Ja und Nein. Ja, wenn sie inhaltlich tatsächlich den Nerv des Kranken trifft und darüber hinaus atmosphärisch auch den seiner Angehörigen und Freunde – und Nein, wenn sie Depressionen verklärt. Alle Buchtitel, die Krankheit als Chance suggerieren, mögen es zwar gut meinen, helfen aber schwerlich dem wunden Kern des Depressiven – und den Gesunden grenzt diese Literatur aus, da ihm ja diese Chance zu einem als besser vorausgesetzten Leben verweigert ist. Daher empfinde ich die Aussage »Krankheit als Chance« als problematische Werbebotschaft für ein Produkt, das sich nun wirklich niemand wünscht: Krankheit.

Ich hätte persönlich liebend gerne ohne diese »Chance« der Krankheit mein Leben gelebt und gestaltet. Mir ist es daher ein Herzensanliegen, aus eigener Erfahrung aufzuzeigen, dass die Depression weniger eine Chance als eine schwere, oft den Tod bringende Krankheit ist. Keinen gnädigen, keinen willkommenen und keinen altersnachsichtigen Tod, der als wirkliche Erlösung ein vollendetes Leben beschließt. Bestenfalls einen herbeigesehnten Tod, der fast immer schrecklich, schmerzhaft, grausam und entstellend ausfällt: der Sprung aus dem Fenster, vor den Zug oder den hoffentlich ausreichend schweren Lastwagen, die Überdosis Schlaftabletten, die aufgeschlitzten Pulsadern oder das strangulierende Seil. Und wie oft will gerade die gewählte Todesart zum letzten Mal eine Lebensanklage herausschreien, soll sie vielleicht ein letztes Rächen sein und Grauen einflößen, das andere nie wieder zur Ruhe kommen lässt. Kein Tod also, den wir notgedrungen als ein willkommenes oder gnädiges Ende beschreiben würden. Die vorausgehenden Schrecken und Beklemmungen über Monate oder Jahre, die Angst vor dem Ende, die Ungewissheit um das hinter dem Sterben Liegende, das den oft noch sehr jungen Kranken weit mehr beunruhigt als den älteren Menschen, der sich mit Gevatter Tod schon auseinander gesetzt hat – all das bedeutet täglich tiefen Schmerz, dessen Ursache sich nach außen noch nicht einmal Verständnis einflößend abbildet. Und dann ist da natürlich bei dem jüngeren Depressiven doch noch die unstillbare Sehnsucht nach dem Leben – eine letzte Kraft tief im Inneren des Ichs. Diese unerfüllte Sehnsucht ist für ihn ebenso schlimm wie der Tod selbst – ein Martyrium, das den noch Lebenden zerreißt.

Und gegen diese Schrecken soll ein Buch helfen? Linderung bieten? Nach zwanzig Jahren Krankheit und Suche nach helfender Literatur stelle ich heute fest, dass viele Bücher über Depressionen nicht unbedingt hilfreich sind: Beim Kranken treffen sie oft nicht den entscheidenden Nerv, dagegen suggerieren sie dem nicht Betroffenen manchmal das merkwürdige Gefühl, dass es so schlimm um den an Depressionen Leidenden schon nicht stehen kann. Damit wiegen viele Bücher unbeabsichtigt die Falschen in Sicherheit, den richtig Kranken dagegen lassen sie oft verzweifelnd im Ungewissen. Jeder Kranke sollte zumindest die Kraft aufbringen, ein ihm nicht helfendes Buch schnell wieder aus der Hand zu legen. Auch mein Buch muss sich an dieser Latte messen lassen: Nur wenn meine geschilderten Erfahrungen den Nerv derer treffen, die gerade das durchmachen, was heute hinter mir liegt, hat dieses Buch seine Berechtigung. Und dann wird es vielleicht auch die erreichen, die dem Geschehen im Leben eines Depressiven so ratlos gegenüberstehen.

Dabei muss ich allerdings feststellen: Geholfen hat mir mein angelesenes Wissen über Depressionen während der

Krankheit nur bedingt. Die Lektüre liegt Jahre zurück, hat sich aber, wie ich jetzt feststellen musste, bestenfalls in die Breite, nicht aber in eine wirklich helfende Tiefe entwickelt. Das meiste von mir Gelesene bleibt weiterhin blutleer, schwebt noch immer über den eigenen Erfahrungen und verhält sich für mich in seiner Wirkung wie ein Film zur Realität.

Was habe ich damals in der angebotenen Literatur gesucht? Ich fahndete nach einer Mischung aus diagnostischer Bestätigung und gleichzeitig ihrer Verneinung. Vielleicht hatte ich ja doch gar keine Depressionen, sondern »nur« eine schnell kurierbare Stoffwechselstörung? Oder aber ein singuläres Schicksal durch eine mir ganz allein zuzurechnende Lebensunfähigkeit?

Mit schweren Depressionen kam man schließlich in die Psychiatrie – dorthin, wo den Kranken ein freies, selbst bestimmtes Leben verwehrt ist. Jedenfalls war das meine Vorstellung, die sich auch noch zu bestätigen schien, als ich in einer großen Universitätsklinik aufgenommen werden sollte. Das Konzept des Chefarztes lautete nach wenigen Minuten eines ersten Gespräches: »Mindestens drei Wochen stationäre psychiatrische Behandlung mit Medikamenten, danach weiterhin stationäre Behandlung mit einer noch zu definierenden Therapie – Zeitrahmen ungewiss.« Ich wurde misstrauisch. Die Diagnose klang nach Wegschließen, unmündig machen, aber nicht nach einem einfühlsamen Hilfsangebot, wie ich es von einem Arzt, der täglich mit dieser Krankheit umgeht, erhoffte. Mein Misstrauen war durch Wissen begründet, Kenntnisse, die ich mir angelesen hatte. Und zu diesem Wissen hatte sich ein inzwischen verfeinertes Sensorium gesellt. Beides zusammen war mein Bollwerk gegen eine Einlieferung ins Krankenhaus. Insofern war das theoretische Beschäftigen mit der Krankheit entscheidend, wenn auch merkwürdig diffus. Bereits damals hatte ich mir von der Fachwelt in ihren an den Laien gerichteten Schriften mehr versprochen: kein grobes Raster des Möglichen, sondern ein sorgfältiges Beschreiben von präzisen Diagnosen und einem schlüssigen Spektrum von Behandlungserfahrungen.

Aber bis heute fehlt es mir an Literatur von Fachleuten, die auch in ihren Schriften für den Patienten und seine Umgebung mit dem Herzblut des unbedingten Engagements schreiben. Dabei ist mir eine bewusste Vereinfachung lieber als ein ausuferndes Wenn und Aber, das letztlich nichts erklärt und damit naturgemäß äußerst vage bleibt. Literatur für Depressive muss Möglichkeiten, aber auch die Grenzen der Behandlung aufzeigen – ebenso wie die Grenzen der Diagnostik. Der für den Depressiven quälende Widerspruch liegt in der oft selbstsicher formulierten Behandlungsstrategie der Ärzte und dem vom Kranken parallel als oft völlig unklar und ungewiss empfundenen Krankheitsverlauf. Und wenn der Depressive am Ende begreifen muss, dass die Behandlung seiner Krankheit noch immer problematisch ist und die Behandlungskonzepte und ihre Aussichten nicht immer befriedigend sind, dann sind solche Wahrheiten auf lange Sicht hilfreicher als schnelle Heilungsversprechen. Eingestandene Unwissenheit und die Grenzen der Medizin sind für den Kranken schmerzlich. Aber diese Parameter medizinischer Behandlung erfahren auch andere Kranke. Dabei vermag meiner eigenen Erfahrung nach wirkliche Ehrlichkeit im Umgang mit Leid und Krankheit am ehesten die Selbstheilungskräfte zu mobilisieren, weil sie ganz irrational Hoffnung schafft. Hinhalten und in trügerischer Ungewissheit gehalten werden entlarven sich schnell und machen nur mutlos.

Bücher können also in Grenzen helfen, das Verständnis für die Krankheit Depression zu fördern. Sie entbinden aber den Leser nicht von der Erkenntnis, dass er sich nicht im Zustand eines Beobachters befindet – sondern im möglicherweise schon ernsthaften Stadium der Krankheit. Diesen folgenschweren Fehler habe ich selber gemacht. Ich wollte immer mehr über Depressionen wissen – suchte aber eigentlich nur die Nische des Nicht-Definierten, in der ich mich als Sonderling noch eine Weile würde aufhalten können. Meine Interpretationsversuche der Krankheit liefen lange ins Leere oder drehten sich im Kreis, trotz eines sich ständig vergrößernden Stapels von Literatur über meine Erkrankung. Und dabei war ich bereits seit längerer Zeit in psychotherapeutischer Behandlung! Daraus wünsche ich mir heute, dass sich ein behandelnder Arzt aus dem Kenntnisstand seines Patienten ein Bild macht und prüft, wie weit sich der Kranke eigentlich über seinen Zustand im Klaren ist. Ein derart abgestecktes Terrain kann für die Behandlung sehr hilfreich sein – vor allem spart es Zeit. Und damit wäre schon viel erreicht.

Wir stehen heute der Depression etwas aufgeschlossener gegenüber als noch vor einigen Jahren. Tendenz zunehmend. Umso offener können wir mit der Krankheit umgehen – das ist wirklich eine Chance für Patienten und Ärzte gleichermaßen. Die Zeit des Geheimwissens ist vorbei und dazu hat das große Spektrum an Literatur über Depressionen beigetragen, literarische wie fachliche gleichermaßen. In diesem Sinne wünsche ich ihr noch ungezählte Leser.

Kreativ sein –
wer kann das schon?

Um gesund zu werden heißt es, Abschied von seinen Illusionen zu nehmen. Wer einen solchen Abschied einleitet, hat bereits das schlimmste Tief der Krankheit hinter sich gelassen. Am Anfang der Krankheit dagegen scheint das Lebensgebäude so unwiederbringlich zusammengebrochen zu sein, dass ein Wieder- oder gar Neuaufbau unmöglich erscheint. Lebensillusionen sind in dieser Phase noch drohende Realitäten und Abschied nehmen von irgendetwas empfinden die meisten Kranken nicht nur als unmöglich, sondern es fehlt ihnen auch noch die Einsicht in die Zusammenhänge der Krankheit. Zu diesem Zeitpunkt der Depression hieße Abschied nehmen keine Befreiung, sondern nicht verkraftbarer weiterer Verlust. Dass Befreiung auch Gewinn, ein Zugewinn an Freiheit und Gelassenheit sein kann, offenbart sich erst zu einem späteren Zeitpunkt, wenn die Lebenskurve schon wieder nach oben weist.

Vor allem Männer fühlen sich durch die besonders häufige Form des Krankheitsauslösers am meisten bedroht – wenn die bis dahin selbstverständlichen Werte, Perspektiven und das Bild des Erfolgreichen zusammenbrechen. Scheinbar handlungsunfähig geraten sie in den alles verschlingenden Sog der Depression. Nicht plötzlich, nein schleichend, sodass der eigentliche Auslöser irgendwann nur noch schwer auszumachen und zurückzuverfolgen ist. Viel zu spät beginnt dann die detektivische Diagnosearbeit des Therapeuten, der ja meist einem völlig Fremden gegenübersitzt und erst einmal versuchen muss, das zerstreute Lebenspuzzle des Kranken zu einem einst heilen Ich-Bild zusammenzusetzen. Der Therapeut kennt ihn nicht als Gesunden und weiß nichts um seine eben noch erlebten oder erträumten Höhen. Vielmehr sitzt er vor einem verzweifelten Menschen, dessen eigentliches Lebensrückgrat nicht mehr auszumachen ist.

Und dennoch setzen manche Therapeuten immer noch darauf, ganz allein, ohne die Hilfe von Angehörigen und Freunden, dem Lebensproblem des Kranken auf die Spur zu kommen. Welche Zeitverschwendung! Als dürfe der Behandelnde sorglos mit dem Lebenszeitkontingent seines Patienten umgehen. Meine eigene Erfahrung lehrt, dass ein Therapeut dem Krankheitsproblem eines zunächst ganz fremden Menschen schneller auf die Spur kommen kann, wenn er das ganz unterschiedlich vernetzte Erfahrungsgespinst der wichtigsten Angehörigen und Freunde mit einbezieht. Schließlich ist Zeit für den Kranken ein ganz besonders kostbares Gut, denn Zeitdruck war bisher ein wichtiger Motor seines beruflichen Lebens, aus dem er nun, zur Untätigkeit verurteilt, herauskatapultiert wurde. Jetzt Zeit zu haben bedeutet Strafe und Folter, nicht Entlastung!

Kreativ sein – wer kann das schon? Die Frage klingt resignativ und das ist beabsichtigt, denn gerade viele männliche Patienten, die durch die Depression aus ihrem meist erfolgreichen Berufs- und Privatleben herausgerissen werden und irgendwann nur noch hoffnungslos den erlösenden Tod herbeisehnen, haben sich nie mit künstlerisch kreativen Fragen beschäftigt oder waren sogar selbst künstlerisch tätig. Einem solchen Kranken anzubieten, auf welche Weise auch immer kreativ zu werden, um seiner Krankheit auf die Spur zu kommen, muss den meisten als zynisch erscheinen. Vor allem werden sie mit einem solchen Anliegen an ihrem wundesten Punkt getroffen: ihrer Kompetenz. Die wird ihnen auf kreativem Gebiet in der Regel fehlen, und um sich auf ein unbekanntes Terrain einzulassen, fehlen Zutrauen und Kraft. Umso behutsamer gilt es, dem Depressiven das Feld kreativen Arbeitens nahe zu legen, weil es drei wichtige Effekte haben kann:

Kreative Beschäftigung lenkt den Depressiven von seinen drückendsten Lebensproblemen ab, es erweitert seinen bisherigen Kosmos und kann Botschaften aussenden, die dann wiederum den engen Freunden und seinem Therapeuten Aufschluss über verbliebene Wünsche und Sehnsüchte bieten – und vor allem auch einen Einblick in seine Ängste. Es sind sehr intime Botschaften, oft verschlüsselt, die aber doch einen Blick in die kranke Seele zulassen.

Mein Lebenskonzept war zusammengebrochen, ehe es überhaupt Konturen angenommen hatte. Ich hatte zwei Begabungen: Malen und kaufmännisches Denken. Das Malen habe ich mir irgendwann selbst verboten – es passte nicht zu einem Erfolg suchenden Kaufmann. Zurück zum Malen fand ich erst in der Krankheit. Angeraten hat es mir niemand, und auch die Bildmotive, die ich über Jahre zum Thema machte, hat nie jemand behandlungskreativ gedeutet. Ein Armutszeugnis, das ich meinen Therapeuten heute ausstellen muss.

Zwei Bildmotive haben mich über Jahre hin auf unzähligen Malpappen und Skizzenpapieren beschäftigt: der Totenschädel als Symbol der Ambivalenz meiner Krankheit – sterben und gleichzeitig leben wollen, der Tod also als klassisches Memento mori – und das ebenso klassische Bildmotiv des weiblichen Aktes als Ausdruck von Sehnsucht und Lebenskraft.

Ich habe nur für mich gemalt. Manche Bilder gerieten recht gut. Ich hatte während der Krankheit zu meiner ursprünglichen malerischen und zeichnerischen Fähigkeit der Schulzeit zurückgefunden, aber viel weiter entwickelt habe ich mich nicht. Entscheidend war auch nicht das Ergebnis, sondern dass ich mich überhaupt einer Zeit konsumierenden, aktiven Beschäftigung zuwandte – es hätte sicher auch eine andere kreative Tätigkeit sein können. Was in dieser Phase der Krankheit zählt, ist jedwede Aktivität, die der Kranke für sich akzeptieren kann. Eigenes Handeln statt dumpfem Grübeln schafft immer wieder die Möglichkeit zu ganz kleinen Schritten, um aus der Finsternis der Depression herauszugelangen.

Vom Kranken akzeptiertes Handeln erleichtert seinen Weg aus der Depression. Der Therapeut muss dabei den Grad der Akzeptanz aufspüren, mit dem sich der Kranke einer Sache widmet. Eine Flut gemalter Bilder kann sinnvoll sein, als aufgezwungene Beschäftigungstherapie allerdings vollkommen wirkungslos. Der Grad der innerlich empfundenen und äußerlich gezeigten Akzeptanz gibt Aufschluss, inwieweit der Depressive wieder auf eigenen Beinen steht – und nicht auf geliehenen Krücken. Mit zunehmender Genesung verschwanden die Todessymbole aus meinen Bildern, die lebenszugewandten erotischen traten in den Vordergrund.

Selbst ausgeübte Malerei ist dennoch nicht zu meinem beruflichen Inhalt geworden, sie hat mich aber zu einem sehr aktiven Sammler gemacht, meine wirklichen Interessen fokussiert und mir verdeutlicht, dass Sammeln für mich tatsächlich Lebensinhalt und nicht nur schmückendes Beiwerk ist. Vor allem aber hat die anfangs sehr zögerliche Hinwendung zur Kreativität am Ende meine wirklichen Begabungen herausdestilliert – Begabungen, die heute Grundlage meiner zurückgewonnenen Lebenskraft sind.

Kreativ sein – wer kann das schon? Namhafte Kunsttheoretiker haben in den 80er-Jahren behauptet, jeder könne Künstler sein, wenn er nur wolle. Das halte ich für Unsinn. Zum Künstler gehört mehr als die dilettierende Entäußerung auf dem Papier. In der Therapie aber werden keine Maßstäbe für künstlerisches Handeln gesetzt, sondern es wird ein Vehikel genutzt, um sich aus den Fängen der Depression zu befreien. Je kreativer der Kranke, desto faszinierender werden dabei seine künstlerischen Ergebnisse sein. Aber eigentlich geht es um etwas ganz anderes: um den Mut zu neuen Ufern. Die sind am Beginn jedes kreativen Prozesses nicht auszumachen. Sich auf diese produktive Ungewissheit aber einzulassen, darauf kommt es an – unabhängig vom Grad der Kreativität. Für den Kranken zählt nicht das kreative Ergebnis, es zählt jeder kleine mutige Schritt zurück ins Leben. Und dafür muss man kein Künstler sein, auch wenn man vielleicht nebenbei entdeckt, dass das Kreative die eigentliche Berufung ist. Es ist wie bei einem wissenschaftlichen Experiment: Das Ergebnis ist offen, auch wenn die Hypothese schlüssig formuliert wurde.

LEITBILDER – RICHTSCHNUR ODER FALLSTRICKE?

Leitbilder sind die erfolgserprobten Lebensprogramme anderer. Leitbilder können beflügeln und zu großen eigenen Leistungen anspornen. Viele Menschen schauen ihr Leben lang dankbar und hochachtungsvoll auf großartige Persönlichkeiten, die ihnen auf dem Weg Leitfiguren waren und ihre Leitbilder transportierten.

Leitbilder haben jedoch auch eine Kehrseite. Für manchen wird die Konfrontation mit ihnen oder gar ihre kritiklose Akzeptanz verhängnisvoll – vor allem, wenn sie durch die Eltern oder nahe stehende Personen vom Heranwachsenden als starres Lebensprogramm und Vorbild eingefordert werden. Vor- und Leitbilder sind auch für den erwachsenen Menschen nicht unproblematisch, weil die Differenzierung zwischen solchen, die uns positiv beeinflussen, und Leitbildern, die uns nur einen scheinbaren Weg weisen, nicht in jeder Lebenssituation und für jeden leicht ist.

Erwachsene können sich mit Leitbildern kritisch auseinander setzen, deshalb sind sie für ihre Entscheidungen selbst verantwortlich. Mit 18 Jahren sind wir volljährig, dürfen wählen und können für unser Tun und Lassen moralisch und rechtlich zur Verantwortung gezogen werden. Neben ganz persönlichen Leitfiguren begegnen wir Leitbildern in der Politik, in demokratischen Parteien ebenso wie in gefährlichen politischen Splittergruppen, in den vermeintlichen Heilbringern von problematischen Sekten, in der Werbung, die in unseren Köpfen Rauchen und Freiheit korrelieren will oder uns ein schlechtes Gewissen einreden möchte, wenn wir nicht zum einzigen, wirklich porentief rein spülenden Waschmittel greifen. Dass das Prinzip der permanenten geistigen oder die Gefühle ansprechenden Leitbildpenetration funktioniert, zeigen die Sogwirkung von Markenartikeln und der Zulauf zu falschen Heilbringern. Wir alle sind anfällig für einfache, scheinbar leicht zu übernehmende Leitbilder, ganz besonders, wenn wir uns in Ausnahmesituationen befinden. Gerade wenn es gelte, einen klaren Kopf zu bewahren, neigen viele von uns zu ganz irrationalen Handlungen, suchen Halt in vagen Hoffnungen oder folgen Empfehlungen, die sie unter anderen Lebensbedingungen und bei klarer Einsicht vehement abgelehnt hätten. Kranke, die sich wider besseres Wissen den Erkenntnissen und Erfahrungen der Medizin entziehen, oder Menschen, die in ihrer Lebensumgebung keinen Halt haben und diesen bei vermeintlichen Autoritäten zu finden hoffen, die ihnen dann, als Vorund Leitbild den weiteren Lebensweg aufzeigen sollen, sind nahe liegende Beispiele.

Jeder für seine Entscheidungen verantwortliche Erwachsene muss sich den zahlreichen und mitunter problematischen Verführungen des Lebens stellen. Das lässt sich nicht delegieren und führt zu der Einsicht, dass es für den Umgang mit dem heißen Eisen Leben stets eines klaren Kopfes bedarf – zu kostbar, aber auch gefährlich, sind seine Ingredienzien. Dazu zählen neben den vielfältigen Fährnissen des Alltags auch Stoffe, die uns gezielt aus der Lebensrealität herauszunehmen vermögen wie Drogen, Alkohol, betäubende oder stimmungsverändernde Medikamente und eben auch Illusionen. Nicht selten bedingen sie einander und führen nur zu oft am Ende in einen strudelartigen Abgrund der physischen oder seelischen Abhängigkeit. Eine Ausprägung dieses Verlaufes kann die Depression sein.

Können falsch verstandene Leitbilder also zu Depressionen führen und falls so, wie kann sich der bereits Erkrankte solchen ihn in die Irre, oder besser in die Illusion führenden Leitbildern entziehen?

Den mitunter tückischen Einfluss von Leitbildern erfahren besonders Kinder und Jugendliche. So habe ich es verhängnisvoll erlebt und mit mir viele andere, die in ihrer Jugend einer besonderen, zielgerichteten Prägung ausgesetzt sind: Leitbildern, von denen ihre Eltern zutiefst überzeugt sind und die sie deshalb als besonders erstrebenswertes Lebensmuster an die Kinder weitergeben. Die Leitbilder, an denen ich mich orientieren sollte, hatten vor allem einen auf sozialen und materiellen Erfolg ausgerichteten Inhalt. Dieser Inhalt war sehr ehrgeizig strukturiert, hatte für nahezu alle Lebensphasen Rezepte und Verhaltensregeln parat, in ihrer Lenkfunktion unmissverständlichen Verkehrszeichen gleich, die auch den Fremden in der Hektik des abendlichen Straßenverkehrs einer unübersichtlichen Großstadt sicher ans Ziel bringen. Die von meinen Eltern vermittelten Leitbilder sollten mir eine besonders gute Orientierung und Sicherheit bieten, sollten der Zukunft die für richtig befundene Kontur geben – Leitbilder wurden gleichermaßen als notwendige Orientierungshilfe wie sozial-moralische Richtschnur verstanden.

Für den Heranwachsenden sind Leitbilder jedoch oft viel mehr als nur Empfehlungen, sie werden als bindend empfunden und verinnerlicht. Offensichtlich haben sie bei den Eltern erfolgreich funktioniert. Damit besitzen sie etwas Verführerisches, denn sie signalisieren, wer allein diesen erprobten Leitbildern treu folgt, wird ähnlich erfolgreich durchs Leben gehen können. Welch ein Irrtum, welche Lebenstäuschung!

Natürlich ist nicht jeder anfällig, den Leitbildern anderer bedingungslos zu folgen und später darunter zu leiden. Starre Leitbilder entlarven sich häufig gerade in der Pubertät, wenn sich das Ich stabilisiert und geradezu begierig darauf ist, das Leben selbst in die Hand zu nehmen. Unabhängig die Bedingungen einer neuen Generation zu prüfen, frei von einengender Erziehung, Vorbildern und Empfehlungen der Älteren, ist in der Zeit der Pubertät das Thema.

Ein starkes Ich ist nicht so sehr auf Leitbilder angewiesen und kann mit den als Tradition bezeichneten Lebensweisen und Vorstellungen der Elterngeneration umgehen und seinen Platz darin oder dagegen finden. Wenn hingegen ein heranwachsender Mensch, aus welchen Gründen auch immer, für sein Ich noch keine Heimat gefunden hat, sucht er Orientierung, Anlehnung und Akzeptanz und glaubt diese am ehesten in der Übernahme der elterlichen Lebensvorstellungen erreichen zu können. Nicht die eigenen Lebenswünsche werden zum Leitstrahl der Lebensplanung, sondern die konfliktvermeidende Anpassung: Das Ich gibt sich unmerklich und schleichend auf. Die Konfliktbereitschaft schwindet und das Ich verliert jede herausfordernde Kontur. Eine solche Anpassung an die Lebensmuster der Eltern kann über viele Jahre reichen, manchmal bis ins hohe Alter. Sie muss nicht einmal immer zu Konflikten führen, schon gar nicht zwangsläufig in die Depression, aber gelegentlich verliert sich ein Ich dadurch in nicht tragfähigen Lebensillusionen.

Manch einer kann schließlich Illusion und Realität nicht mehr in Einklang bringen. Die Wirklichkeit wird zum Spiegel, der das Abbild eines verzerrten, konturlosen Ichs widergibt – ein depressives Schreckensbild, das scheinbar keine Korrektur, kein Zurück und schon gar kein hoffnungsvolles Voraus zulässt.

Ein solcher Weg in die Depression gleicht einer Bergwanderung bei plötzlich einsetzendem Nebel, wenn sich der Weg scheinbar im Nichts verliert. Dann geraten viele unerfahrene Wanderer in Panik, nicht selten kommt es zu schweren Unfällen. Wer in einer solch irritierenden Lage Ruhe bewahrt, wer das schlechte Wetter durchstehen kann, wird nach Abzug des Nebels den sicheren Weg ans Ziel finden oder einfach auf dem vertrauten Pfad umkehren. Diesen so selbstverständlichen Empfehlungen aller kundigen Bergwanderer zu folgen ist dem Depressiven in seiner für ihn ausweglosen Situation unmöglich. Seine Panik, den eigenen Lebensweg nicht mehr finden zu können, mündet nur allzu oft in lähmende Lebensangst und resignierende Antriebslosigkeit. Jegliche Lebenskraft scheint dahin, es bleibt nur die Wahl zwischen Illusion und Realität. Aber auch die haben ihre Halt gebenden Konturen inzwischen verloren. Das Kartenhaus ist eingestürzt. Der Kranke liegt im Wortsinne am Boden und wenn ihm niemand auf die Beine hilft, läuft er Gefahr, endgültig abzustürzen – in den Tod. Ein übertriebenes Schreckensszenario? Nein, es ist die bittere Wirklichkeit im dunklen Leben des Depressiven.

Leitbilder gleichen vielteiligen Puzzles, aber es sind die ausgestanzten Erfahrungen anderer. Ihre Teile sind die über Jahre angesammelten Bausteine eines individuellen, einmaligen Lebens, die aber nicht in unterschiedlichen Kombinationen neu zusammengesetzt werden können. Ein Puzzle lässt nur eine Lösung, nur ein fertiges Bild zu und sein Ergebnis steht für ein abgeschlossenes Spiel, das seinen Zweck erfüllt hat. Für mich ein ziemlich langweiliges und bestenfalls Zeit raubendes Spiel, dessen Ausgang noch nicht einmal offen und überraschend ist – schließlich sehen wir schon zu Beginn das fertige Bild auf der Packung! Kleine Kinder lieben Puzzles, weil sie daran erste Fertigkeiten trainieren können, ihr Spaß liegt in der Wiederholung. Aber bald schon verliert das Spiel seinen Reiz, weil es keine Herausforderung mehr bedeutet. Neue Entwicklungsschritte warten, die es zu meistern gilt: Zukunft und Ich-Entwicklung.

Ich hatte mich jahrelang in der Depression jeder Zukunft verweigert. Mein Lebensmuster hieß Anpassung. Damit hielt ich an einem Leitbildpuzzle fest und bekam nicht mit, dass das Leben viel aufregendere Spiele zu bieten hat – sie auszuprobieren getraute ich mich schon gar nicht. Stattdessen verlor ich mich zunehmend in Illusionen, die zu einer Art wundersamer Vermehrung der Teile meines bisher nur eine Lösung erlaubenden Spieles führten. Es entstand gleichsam ein dynamisches Puzzle, dessen Bild sich zwangsläufig veränderte und wuchs. Das um zahlreiche Illusionen vergrößerte Bild wurde für mich unhandlich und war schließlich nicht mehr zu bewältigen. In diesem Augenblick wird Realität für den Depressiven bedrohlich, für den Gesunden ist sie willkommene Herausforderung und bedeutet nicht selten das große Lebensglück. All diese Zusammenhänge habe ich viel zu spät erkannt. Fast wäre es zu spät gewesen.

Heute habe ich das beruhigende Gefühl, mich auch im Nebel des Lebens, den jeder von uns erlebt, gut orientieren zu können. Ich reagiere nicht mehr panisch, wenn sich der Stimmungshimmel zuzieht und sich die Nebelschwaden der Depression nähern. Ich weiß mich zu orientieren und suche so lange nach dem rechten Weg, bis ich ihn gefunden habe. Meine Leitschnur heißt heute Selbst-Vertrauen, ich folge meinem eigenen Ich, statt den Ab- und Leitbildern anderer. Leitbilder sind Erfahrungsberichte aus der Vergangenheit – zu oft haben sie lediglich eine erzählerische Bedeutung, oft durchaus auch eine besondere Faszination. Als Kopiervorlage für das eigene Leben taugen sie nicht.

GLAUBEN – SCHÖN WÄR'S!

In den schwersten Stunden der Depression steht man als Kranker buchstäblich am Rande seines Lebens. Alles wird zur Last, nirgendwo keimt mehr Hoffnung – Tod wäre eigentlich die Erlösung. Nur mit äußerster Kraft sucht der Depressive dann nach dem letzten Quäntchen Lebenswillen, das den Freitod – denn nur darum kann es sich handeln – noch einmal aufschiebt. Wer in der christlichen Tradition aufgewachsen ist, muss sich zudem der Frage stellen, ob ihm die Entscheidung über Leben und Tod eigentlich zusteht, ob sie ihm erlaubt ist.

Ich bin kurz nach meiner Geburt traditionell getauft und mit sechzehn Jahren konfirmiert worden. Die Nähe zur Kirche habe ich aber nie in meinem Leben gesucht – allerdings die Kirche auch nicht die Nähe zu mir. Konsequenterweise habe ich auch nicht kirchlich geheiratet. Das Band zur Institution Kirche betrachte ich als durchtrennt, trotzdem unternehme ich immer wieder Versuche, mich der Kirche und den von ihr vertretenen Glaubensregeln zu nähern. Meine bisherigen Auseinandersetzungen waren jedoch bis heute ohne lebensbestimmendes Ergebnis.

Mit vierzig Jahren schien der Zustand meiner Depression noch einmal hoffnungslos und nochmals dachte ich daran, mir das Leben zu nehmen. Immer wieder stand ich unbeobachtet auf dem Balkon im achten Stock des Krankenhauses und sehnte mich nach den erlösenden, meinen Körper zerschmetternden Betonplatten am Boden. Vor dem Tod hatte ich keine Angst, aber vor dem Sterben – vor dem brutalen Aufschlagen des Körpers auf dem Boden, vor den Sekunden des Sterbens auf dem Weg nach unten, wenn es kein Zurück mehr gab. Das stellte ich mir schrecklich vor – nicht den Tod, denn der bedeutete meine Erlösung. Aber diese Art des Sterbens, des gewaltsamen, einer Todesstrafe ähnelnden Endes hatte ich nicht verdient. Gewalt wollte ich mir nicht antun, ich wünschte mir einen friedlichen, selbst bestimmten Tod, der mich sanft aus dem Leben nimmt – als Erlösung.

In diesen dunkelsten Stunden meines Lebens, an der Schwelle zum Abgrund, habe ich Gott gesucht. Ich bettelte um seine Hilfe, habe ihn angefleht, mir einen Weg zu zeigen aus dem Leid heraus ins umarmende Nichts. Ihn gar um ein gesundes Leben zu bitten, wagte ich ohnehin nicht. Ich erhielt keine Antwort, auch nicht in meinem Herzen. So fühlte ich mich doppelt verlassen: Den Respekt vor dem oktroyierten Leben hatte ich verloren und an den göttlichen Schutz konnte ich nicht mehr glauben. Die Kirche selbst war in dieser Zeit noch nicht einmal gedanklich eine Anlaufstation. Daran hat sich bis heute für mich nichts geändert. Aber nach den vielen Jahren meiner Krankheit, nach dem Verlust von Existenz und Zukunft spüre ich heute eine kaum fassbare Demut dem Leben gegenüber.

Ich bin von meiner Depression weitgehend geheilt, führe ein überaus glückliches Leben, empfinde meine Familie mit zwei Kindern als den wahren Hafen des Lebens, in den ich nun nach so langer Zeit habe einfahren dürfen. Die Liegegebühren an diesem Kai des Glückes habe ich durch die Entbehrungen der Vergangenheit entrichtet. Meine Schulden sind sozusagen bis auf den heutigen Tag bezahlt. Ich lebe aber nicht in der Illusion, das derzeitige Glück ohne Zutun unbegrenzt für mich beanspruchen zu können. In den vergangenen Jahren dieses Glücks habe ich so etwas wie eine göttliche Fügung, eine göttliche Hand oder, nüchterner, das Schicksal erfahren. Die gängige Formulierung »Es gibt keine Zufälle, sondern nur Fälligkeiten« behagt mir deshalb ganz und gar nicht. Sie verspricht eine Sicherheit, die es nicht gibt. Die Fälligkeiten in meinen letzten zwanzig Jahren hätte ich mir gern anders vorgestellt, übrigens auch die Zufälle. Leben ist jedoch viel komplizierter, als es griffige Slogans erscheinen lassen. Leben ist geheimnisvoll, äußerst geheimnisvoll – in Zeiten des Glücks wie in Zeiten des Leidens. Nur ist man im Leid für das, was einem das Schicksal zumutet, wenig tolerant. Im Glück aber spürt man auf sonderbare Weise den Weltzusammenhang, man erahnt seine eigene Position und was gut für einen ist. Manchmal spürt man in solchen Momenten, dass einen das Göttliche plötzlich an die Hand nimmt – ganz behutsam, schützend und leise fordernd zugleich.

Immer wieder suche ich heute das Glück in der Natur. Einmal im Jahr gehe ich zusammen mit einem Freund in die Einsamkeit der Berge. Gemeinsam setzen wir uns den Kräften der Natur, dem Wetter, der sengenden Sonne und manchmal auch dem sommerlichen Eisregen aus, der uns im Wortsinne den Boden unter den Füßen wegzieht. Jede dieser Wanderungen gleicht einer Metapher des Lebens. Immer wieder machen wir auf unseren Wegen Halt, lassen den Ausblick auf uns wirken, erfreuen uns an unseren Kräften und unserem Dasein. Diese Momente empfinden wir dann fast gleichzeitig als göttlich. Meist sind es keine eigentlichen Höhepunkte, wie das Erreichen des Gipfelkreuzes oder das Durchwandern einer Felswand. Nein, dies sind Erlebnisse, die manchmal sogar Angst machen können. So, wenn plötzlich der eisige Wind über die Bergkuppe fegt und das Gipfelkreuz keinen Halt gibt, so symbolträchtig es dort auch steht, als Zeichen der Verehrung – aber wessen? Gottes Verehrung oder nicht vielmehr des Menschen, der es geschafft hat, dieses Kreuz auf dem Gipfel aufzustellen? Für mich oft mehr ein Zeichen menschlichen Triumphes denn eines zur Ehre Gottes. Die Momente unseres gemeinsamen Innehaltens auf dem Weg hingegen sind ganz unspektakuläre Augenblicke. Aber sie beglücken uns so tief, weil wir uns in ihnen als Teil eines göttlichen Ganzen begreifen dürfen.

Hätte ich mich früher dem Glauben und der Religion öffnen sollen, auch und gerade in den Zeiten des Leidens und der Krankheit? Vielleicht. Ich konnte es nicht und sehe auch aus der Distanz nicht, wie ich es hätte tun sollen. Dafür habe ich aber in den letzten Jahren die Segnungen des Glücks erlebt, die mich heute demütig sagen lassen, dass es das Göttliche gibt. Diesem Göttlichen muss ich nicht huldigen, wie es die Amtskirche fordert. Aber ich spüre, dass ich mir dieses Glück immer wieder neu erarbeiten muss, indem ich meinen Lebensauftrag erfülle, dessen Regularien mir inzwischen klar sind. Ob mein Leben einen Sinn hat, weiß ich bis heute nicht zu sagen. Aber dass ich in diesem Leben Aufgaben zu erfüllen habe, das weiß ich. Außerdem habe ich das feste Gefühl, Gott nicht überlisten zu können, indem ich scheinbar gottgefällig lebe. Gott ist klug, und wie uns als Kindern immer gesagt wurde, sieht er alles. Immer wenn wir auf unseren Wanderungen an einer einsam gelegenen Kirche vorbeikommen oder in den Städten einen Moment der Ruhe und Besinnung suchen, zündet mein Freund dort eine Kerze an. Mir kommt diese Geste immer ein wenig verlogen vor, weil ich Gott anders begreife, ihn auch durch Opfer für unbestechlich halte. Aber vielleicht meint die Geste meines Freundes ja etwas ganz anderes: den innigen Dank, Gott wieder einmal erfahren zu haben. Ein solcher Glaube kann Halt geben und Mut machen. Wir haben über diese Geste des Dankes oder des Opfers nie gesprochen. Es gibt Dinge, zu denen ich keine Fragen habe, Antworten schon gar nicht. Es sind Ahnungen, die sich zunehmend zu Sicherheiten verdichten, dabei aber nicht abrufbar sind, nicht wirklich Halt geben und sich schon gar nicht ritualisieren lassen.

Somit habe ich keinen Glauben, aber ein Gottvertrauen – so vage und zerbrechlich es auch sein mag. Ich würde mich nie auf dieses Gefühl verlassen wollen – aber vielleicht ist ja auch das eine göttliche Botschaft, die sich erst am Ende des Lebens erschließt. Noch erwarte ich keine Antwort, bitte aber auch darum, dass sie mir nicht aufgezwungen wird. Das bedeutet Lebensangst und Lebenszugewandtheit zugleich. Unter diesem Schicksalspendel leben wir. Der Volksmund fasst die Lebensweisheit schon recht treffend zusammen: »Wenn es ein gutes Leben war, dann war es ein tätiges Leben.« Daran glaube ich heute auch.

ARBEITEN HILFT!

Nein, das ist kein Zynismus, sondern die Erfahrung, dass gerade ein Depressiver das tätige Element in seinem Leben braucht und es nicht aus seinem Lebenskosmos verlieren darf. Eine schwere Depression schafft schnell die »Hospitalisierung« in den eigenen vier Wänden, wenn sie wie häufig mit der zumindest temporären Aufgabe des Berufes verbunden ist. Die deprimierende Last der Krankheit nimmt dadurch nur immer weiter zu, bis hin zur Unerträglichkeit. Wer dann einen schwer Depressiven auffordert, sich doch endlich zusammenzureißen, oder ihn ermahnt: »Wenn du schon nicht in deinem Beruf arbeiten kannst, dann hilf doch wenigstens im Haushalt oder mach den Garten«, verkennt völlig die mentale Situation des Kranken. Wenn der Kranke die ihm abverlangten Arbeiten nicht leisten kann, dann kann er es wirklich nicht. Das bedeutet keine Verweigerung oder Faulheit, sondern ist Folge einer Antriebslähmung, wie sie meist bei einer schweren Depression auftritt. Und diese Antriebskräfte, über die der Gesunde so virtuos verfügt, lassen sich auch mit ein paar flotten Sprüchen nicht zurückholen oder aktivieren. Dazu bedarf es ganz besonderer Mechanismen.

An anderer Stelle habe ich die Seele als Kraftwerk des Lebens bezeichnet. Aber was geschieht, wenn die Generatoren eines solchen Kraftwerks ausfallen oder die Wasserzufuhr versiegt, die über Jahre die Turbinen angetrieben hat? Am äußeren Erscheinungsbild dieses Kraftwerkes kann man nur schwer ablesen, ob es im Inneren Strom produziert oder nicht. Ähnlich beim schwer Depressiven, der äußerlich nahezu unverändert erscheint, im Inneren sich aber ausgebrannt, defekt und funktionslos fühlt. So erlebt der Kranke sich selbst, so erlebt ihn der behandelnde Arzt: unfähig, auch nur kleine Reparaturen an seinem Kraftwerk Seele selbst vorzunehmen. Seelisches Leid ist keine eingebildete Krankheit, sondern das auslösende Moment oder auch die Ursache für den Zusammenbruch der wichtigsten geistigen und körperlichen Funktionen eines Menschen.

Auch wenn sich der Kranke in dieser Situation nicht aus eigener Kraft von seiner Depression befreien kann, vermag er doch viel dazu beizutragen, die Diagnose einzugrenzen und zu schärfen. Die Auslöser der Depression sind real, der Therapeut kann sie nach eingehender Diagnostik benennen und die Krankheit dann auch behandeln. Zur Therapie jeder schweren Erkrankung gehört die Hoffnung des Kranken auf seine Heilung und Genesung, die seine verbleibenden Überlebenskräfte aktiviert. Der Depressive findet sich jedoch während der Behandlung in dem Dilemma, dass er weder über diese Kräfte verfügt, noch Zukunftswünsche, Sehnsüchte oder Hoffnung verspürt. Ihm bleibt einzig das dumpfe Gefühl, gesund werden zu wollen. Seine Gesamtkonstitution ist dabei äußerst fragil und jede weitere Verunsicherung kann ihn an den Rand des Abgrundes bringen. Das macht es auch für Angehörige und Freunde so schwer, mit einem Depressiven in richtiger Weise umzugehen. So individuell die Krankheit auch immer verlaufen mag, wenn der Depressive nicht mehr weiterweiß, ist der scheinbare Ausweg immer derselbe: aus Verzweiflung Tod von eigener Hand.

Als ich selbst an diesem Tiefpunkt angekommen war, hatte ich keinen Blick mehr für das Leben, nur noch für den Tod. Meine Ressourcen schienen erschöpft. Natürlich waren sie es nicht, die Turbinen waren ja noch da, aber sie bedurften einer gründlichen Überholung und Reparatur. Aus heutiger Sicht hätte ich mir die Reparatur als eine Art Ursachenforschung gewünscht: Warum wurde ich depressiv? Gab meine bisherige

Lebensbilanz tatsächlich Grund zu erkranken? Wie stand es um meine Lebensaussichten und wie lange würde eine Behandlung im glücklichsten wie im ungünstigsten Fall dauern? Würde ich am Ende noch mit irgendeiner Lebensqualität rechnen können? Und vor allem: Wo liegen meine wahren Fähigkeiten, meine inneren Ressourcen?

Als mein Vater an Blasenkrebs erkrankte und operiert werden musste, antwortete der behandelnde Chirurg ihm auf ganz ähnliche Fragen mit fester Stimme: Wir werden den Krebs entfernen und danach können Sie mit einer neuen Blase wieder mit festem Strahl pinkeln. Welche Zuversicht lag in dieser Einschätzung! Auch ihr ging ein intensives Abwägen der möglichen Behandlungsmethoden voraus, aber am Ende stand die Zuversicht – und die kann bekanntlich Berge versetzen.

So wie sich der Krebskranke auf eine Operation einlassen muss, um eine Chance auf Genesung zu haben, so muss der Depressive den therapeutischen Einschnitt in seine Seele zulassen. Nach erfolgreicher Behandlung wird sein Leben anders aussehen als vorher, wobei niemand weiß, wie. Aber um zu überleben muss der Kranke dieses Wagnis eingehen. Die Krankheit Depression erfordert notwendigerweise eine Durchleuchtung aller Lebensbereiche, bedeutet dadurch auch den Mut zum Schmerz. Das muss der Kranke wissen, und es macht keinen Sinn, ihm vorzugaukeln, er könne sich waschen, ohne nass zu werden. Auch eine Operation läuft nicht ohne Schmerzen ab!

Und wie sehen die Schmerzen eines Depressiven aus? Sie äußern sich als eine alles lähmende Angst, der die Verzweiflung folgt und als projizierte Erlösung die Todessehnsucht. Hinter jedem Tun lauert für den Depressiven sein Versagen, hinter jeder Einschätzung sein möglicher Fehler, hinter jeder Hingabe der Verlust – was bleibt da noch an Lebenskraft? Nichts. Einem frisch Operierten geben wir Medikamente gegen die Schmerzen. Auch für den Depressiven existieren Mittel gegen seine Schmerzen. Es gibt sie nur nicht allein in Pillenform. Entscheidend für den Kranken ist die Freilegung seiner Restkompetenz für das Leben. Der Therapeut wird ihm helfen, wenn er seine letzten Kräfte in Gang setzt, seinen Wert als Persönlichkeit festigt und dem Depressiven beim Aufstellen eines neuen Lebensgerüstes hilft.

Hinter all diesen Bemühungen steht immer die Erkenntnis: ohne Wagnis kein Gewinn. Genesung gibt es nur für den, der sich auf ein mögliches Scheitern einstellt. Dabei ist für den Therapeuten eine gewisse Eile angesagt und er braucht Wagemut und Kompetenz, um den Kranken möglichst schnell von seinem quälenden und lebensbedrohenden Schmerz zu befreien. Die Aufgabe des Depressiven ist in dieser Situation, sich nicht mehr seiner Krankheit und der möglichen Heilung gegenüber zu verweigern. Doch dazu muss er den drohenden Schmerz von Verlust, Abschied und Veränderung in Kauf nehmen. Und das sollte jeder schwer Depressive rechtzeitig wissen, aber auch, dass er in der Lage sein wird, dem Schmerz standzuhalten, dass der Therapeut ihn durch das Tal der Tränen begleiten wird und mit ihm am Ende die neue Lebenskraft genießen wird.

Auf dem Weg dahin geht es bergauf und bergab durch schwieriges Gelände auf die Höhen eines selbstverantworteten Lebens ohne Illusionen. Aber so wie der Bergsteiger nur nach dem Aufstieg die Begegnung am Gipfelkreuz genießen kann, so hat der Depressive erst nach gewaltiger Anstrengung das Gefühl: Ich habe es geschafft.

Das notwendige Aktivitätsmuster auf dem Weg zur Genesung fällt bei jedem anders aus, nicht jeder ist gleich belastbar, nicht jedem hilft eine motiviert bewältigte Arbeit. Hier kommt es auf eine kompetente und routinierte Dosierung an. Es ist der Depression immanent, dass sie an den Kräften zehrt, aber ohne intensives und kräftezehrendes Training kann auch der Gesunde seine sportliche Leistung nicht steigern. Erst auf dem notwendigen Plateau einer ausreichenden Kondition winkt die Chance auf den Wettkampferfolg. Der Depressive benötigt als Kondition ein Erfahrungsgerüst, auf das er in fragilen Situationen zurückgreifen kann, ohne das Gefühl zu haben, versagen zu müssen. Diese Ressourcen, die eine Chance auf positive Erfahrungen zulassen, zu aktivieren, ist die hohe Kunst des Therapeuten.

Arbeit, oder besser: vom Depressiven selbst akzeptierte Aktivitäten, Handeln und konstruktives Arbeiten sind eine gute Grundlage, das Gefühl von Heimat zurückzuerlangen. Diese Heimat des Ichs gleicht schützenden Zwiebelschalen – und davon kann der Depressive nicht genug haben. Jede Schale bietet ihm Schutz, und jede erfolgreich bewältigte Aktivität gibt dem fragilen Ich die Sicherheit eines wirklichen Heimatgefühls, sein Selbstvertrauen zurück. Damit steigen die Chancen auf Genesung, während das innere Verweigern immer wieder zurück an den Abgrund führt.

Ja, Arbeiten hilft, aber es kommt auf die Dosierung an – wie bei jedem Medikament. Die Pole von therapeutischer Wirkung und todbringender Überdosierung liegen nicht sehr weit auseinander. Deshalb birgt jede verordnete Aktivität die Chance auf Heilung oder das Risiko der tödlichen Überforderung. Auch deshalb schmerzt den Depressiven jedes »Reiß dich zusammen« oder »Du könntest doch wenigstens...« – nein, er kann eben nicht, weil die Dosis nicht stimmt. Diese Zusammenhänge auch in Bezug auf die eigene berufliche Tätigkeit genau zu beleuchten ist ein letzter, schmerzhafter und folgenschwerer Schritt in der Behandlung. Denn die Frage heißt: Macht mich mein Beruf krank? Muss ich nach alternativen Erwerbsmöglichkeiten suchen, oder ist gerade der Beruf die lindernde Dosis, die mich zurück ins Leben holt? Auch hier ist das Spektrum weit, aber irgendwann fällt die Antwort eindeutig aus. Manch Depressiver ist erst wirklich seelisch entlastet, wenn er seiner bisherigen beruflichen Aktivität den Rücken kehrt, aber ein verfrühtes Nein ist möglicherweise noch die Folge verminderter Lebenskraft.

Für mich war dieser Abschnitt in meiner Behandlung von allergrößter Wichtigkeit: dass ich irgendwann sehr genau wusste, wann ich nein und wann ich ja zu beruflichen Entscheidungen sagen konnte. Es war auch ein Abschied von gängigen Erfolgskriterien meiner Umgebung, die sich übrigens für manchen meiner erfolgreichen Altergenossen auch zu einer bedrohlichen Falle entwickelt haben. Ich war als junger Mensch in eine andere Falle gelaufen – jetzt lebe ich dafür mit einer größeren persönlichen Entscheidungsfreiheit und weniger äußeren Zwängen. Heute bin ich unabhängig im Sinne von autark – wenn auch mit allem kalkulierbaren Risiko. So funktioniert Leben nun einmal – und ich habe daran Teil, welches Glück!

Depressionen sind überwindbar, zuwarten hilft nicht, nur ein »Ich will!«. Darin sind sich Gesunde und Kranke gleich. Auch das ist eine Erfahrung, die mein Kraftwerk Seele heute speist, jeden Tag – und die notwendigen »Wartungsarbeiten« mache ich heute selbst.

WAS HILFT
GEGEN DIE ANGST?

Bis heute bin ich regelrecht ein Opfer meiner Angst. Das ist ein enttäuschendes Bekenntnis, aber die positive Botschaft folgt umgehend: Ich habe inzwischen gelernt, in akzeptablen Grenzen mit ihr umzugehen.

Angst hat häufig eine gut nachvollziehbare Wurzel. Auch ich erinnere genau den Ursprung meiner tief sitzenden Angst. Während meiner Kindheit wohnten wir im zweiten Stock eines Hauses mit hohen Räumen. Es lag zudem an einem leichten Hang, sodass auch die Garagen unter dem Gartengeschoß aus der Erde ragten und damit unser Balkon in einer Höhe von etwa acht Metern lag. Mein Vater pflegte abends, wenn er aus dem Büro nach Hause kam, stets seinen Anzug zum Auslüften auf den Balkon vor der Küche zu hängen. Er ließ ihn aber nie lange dort, vor allem nicht im Winter, wenn es früh dunkel wurde, weil er fürchtete, dass jemand vom Garten aus mit einer langen Stange seinen Anzug abhängen und ihn stehlen könnte. Meine Mutter spöttelte häufig über die artistischen Künste des möglichen Diebes, der seiner Schurkerei mit einer mindestens zehn Meter langen und meisterhaft gehandhabten Stange nachgehen müsste, um einen gut gearbeiteten Anzug vom Balkon zu hieven. In ihrem praktisch veranlagten Denken konnte sie sich ein solches Täterprofil ohnehin nicht vorstellen. Der zuhörende kleine Junge war damals gerade drei Jahre alt – ihm haben sich diese halb scherzhaften Diskussionen jedoch mit tiefen Spuren eingegraben.

Solange ich mich erinnern kann, lebe ich diffus mit der Angst, mir könnte etwas sehr Unangenehmes zustoßen, etwas, das mit Gewalt und Verlust verbunden wäre. Ich muss in dieser Zeit das Vertrauen in meine durch die Eltern geschützte Sicherheit, das so genannte Urvertrauen, verloren haben. Die Angst vor dem Verlust hatte sich eingenistet und begann sich in meiner Seele auszubreiten. Viele Jahre später sollte sie fast unkalkulierbare Ausmaße erreichen.

Angst wirkt wie ein schleichendes Gift, dem nur mit einem sehr wirksamen Medikament beizukommen ist: berechtigtes, kalkulierbares Vertrauen zu sich selbst und in andere. Dem heimatlosen Ich des Depressiven fehlt dieses Vertrauen und Angst wird ihn daher während seiner gesamten Krankheit begleiten. Ich meine dabei vor allem eine diffuse Angst, nicht die handhabbare Furcht. Angst lauert überall, und je mutloser der Depressive in seinen dunklen Stunden ist, umso größer wird seine Angst. Sie kann so riesige Dimensionen annehmen, dass sie alles Tun lähmt und sich der Kranke lediglich in der wohligen Wärme seines Bettes einigermaßen sicher fühlt. Eine derartige Lebensangst kann sich dann so verstärken, so unerträglich werden, dass nur noch der Tod Erlösung verspricht. Angst ist deshalb ein häufiger Grund für den Freitod, weil es so unglaublich schwer fällt, sich ihr entziehen.

Wenn ich an meine eigenen angstvollen Stunden, Tage und Monate zurückdenke, die ich anfangs erfolglos mit Medikamenten zu lindern versuchte, dann steht mir heute die Lösung zur Bewältigung der Angst ebenso klar vor Augen wie ihr Ursprung. Mein Problem war das fehlende Vertrauen. Ich hatte es nie geschafft und meiner Meinung nach auch nicht die Gelegenheit dazu erhalten, wirkliches Vertrauen zu meinen Eltern oder zu mir selbst aufzubauen. Das Vertrauen zu den beschützenden Eltern wäre ein gutes Fundament gewesen, aber ich hatte es nicht. Während der ersten Stürme in meinem Leben, den ersten Phasen der Depression, die mich mit sechzehn, siebzehn Jahren regelrecht hinwegfegten, besaß ich offenbar nichts, auf dem ich mein Selbstvertrauen gründen und aufbauen konnte.

In dieser Zeit entwickelte sich auch die Angst vor dem Versagen, also eine zielgerichtete Angst, die beim Gesunden als Furcht auftritt, als handhabbare Wahrscheinlichkeit oder Risiko, gegen das man sich durch Aufmerksamkeit und Vorbereitung schützen kann. Wer seine Klassenarbeit gut präpariert hat, muss keine Angst vor dem Misserfolg haben, höchstens Furcht, zum Beispiel bei einem Aufsatz das Thema zu verfehlen. Angst ist anders, Angst suggeriert das vorhersehbare Versagen und nimmt jeden Mut, die Aufgabe überhaupt anzugehen. Wer aber keine Aufgaben zu lösen versucht und sich nicht dem Risiko stellt, wird keine Erfahrungen machen, auf denen sich dann später, einem sicher gegründeten Fundament gleich, aufbauen lässt.

Angst ist daher ein sehr genauer Gradmesser der Depression und kann dem Gesprächspartner zeigen, wie tief der Depressive in seinen Lebenskonflikt verstrickt ist. Angst ist häufig überhaupt der Schlüssel zur Öffnung des Depressiven. Aber mit wem mag man in einer solchen Phase schon offen über Ängste sprechen? Sich noch mehr entblößen, noch mehr Schwächen zeigen als die ohnehin für alle sichtbaren, nämlich nicht gesund zu sein, nicht am Leben teilzuhaben?

Ich habe erfahren, dass es nur diese Lösung zu geben scheint: sich offen den Ängsten zu stellen und mit einem Freund, einer Freundin, einer Vertrauensperson oder einem Arzt über das Ausmaß der lähmenden Ängste zu sprechen. Dabei wird man Bilanz ziehen müssen und feststellen, dass man seine Lage nur verändern kann, wenn man seine reale Lebenssituation nicht verschleiert und den Illusionen eines erträumten Ichs nicht weiter nachhängt.

Man versuche eine persönliche Bilanz: Welche Lebensfäden lassen das eigene Dasein noch lohnend erscheinen und welche

Lebensfragen sind so angstbesetzt, dass sie einen erdrücken? Bei den vielleicht wenigen positiven Lebensfäden würde ich ansetzen. Irgendwo im Gedächtnis werden verborgene, glückliche Erinnerungen aufzustöbern sein. An solche Erinnerungen kann man sich halten, vielleicht den Ort des Geschehens aufsuchen oder sich zumindest in einer gedachten Traumvorstellung in diesen sicheren Hort positiver Erfahrung hineinversetzen. Das so genannte Tagträumen in meiner Therapie hat mir in dieser Phase der Krankheit wertvolle Hilfe geleistet – und da die Ergebnisse völlig unerwartet und auch noch erstaunlich positiv ausfielen, hat mich diese Form der Behandlung überzeugt.

Der Depressive hat vieles aufgeben müssen, aber nicht alles. Sind schädigende Illusionen im Laufe der Krankheit erst einmal als solche enttarnt, lässt sich auch wieder mit der notwendigen Portion Realismus auf den Tag schauen. Am Ende wird die Erfahrung stehen, dass gegen die Angst nur das Leben selber hilft. Wer jeden Fehler zu vermeiden sucht, indem er sich gar nicht erst Situationen aussetzt, in denen Fehler, aber vor allem Erfahrungen gemacht werden können, entzieht sich dem Leben, macht sich immer kleiner, bis hin zur vollständigen Lebensuntüchtigkeit. Von diesem verzweifelten Punkt aus ist es dann nur ein winziger Schritt in den als Erlösung lockenden Freitod.

Die Angst zu überwinden ist keine leichte Aufgabe, die mit einigen Konditionierungsübungen in den Griff zu bekommen ist. Angst ist Ursache und Folge der Depression zugleich und nur wer sich auch der Angst stellt, hat eine wirkliche Chance auf Genesung. Meine eigene Angst habe ich bis heute nicht völlig überwunden, aber ich kann mit ihrem jetzigen Ausmaß leben. Angst hat sich für mich relativiert. Auf der einen Seite ist sie konkreter Furcht gewichen, auf der anderen habe ich mir eine positive seismographische Angst bewahrt, die aber eher eine Vorahnung oder fantasievolle Vorwegnahme dessen ist, was eintreten könnte.

Gegen diffuse Angst schütze ich mich. Mein Haus hat eine Alarmanlage, die mir das Gefühl einer relativen Sicherheit gibt, auch wenn ich trotzdem nicht ohne leise innere Unruhe schlafen kann. Gegen meine Flugangst schütze ich mich durch die Vergegenwärtigung der Statistik, dass Fliegen erheblich sicherer ist als Autofahren, und gegen die kleinen Ängste des Alltags wappne ich mich mit Vorsicht. Angst nimmt in meinem Leben noch immer einen gewissen Raum ein und kostet Kraft. Andererseits ist sie aber auch ein nicht zu unterschätzendes Warninstrument, das mich gegen die Widrigkeiten des Alltags schützt, indem sie mich stets besonders wachsam und umsichtig sein lässt.

Das beste Abwehrmittel gegen frühere schwere Ängste aber sind meine Erfahrungen. Viele Situationen, vor denen ich stehe und die mir Angst machen, haben vergleichbare Vorläufer. An sie versuche ich mich positiv verstärkend zu erinnern. Wenn ich beispielsweise vor einem größeren Publikum einen Vortrag halte, habe ich natürlich Angst zu versagen und Furcht, dass mir die Rede nicht gelingen könnte. Aber inzwischen kann ich auf vorangegangene Situationen zurückgreifen, die äußerst positiv verlaufen waren, Reden, die mir viel gute Resonanz eingebracht hatten. Ganz bewusst erinnere ich mich jedes Mal neu an diese Erlebnisse und an die Mechanismen ihres Erfolges. Für mich bedeutet das, eine Rede lange vor dem Termin gründlich vorzubereiten, sie aufzuschreiben, auswendig zu lernen und immer wieder einmal – auf einem Spaziergang, einer längeren Autofahrt oder in der Badewanne – zu halten. Da ich im Jahr nur wenige Reden zu halten habe, ist der Aufwand gerechtfertigt. Er macht mich sicher. Und endlich steht neben der Angst das stärkere Ich der Erfahrung. Darüber bin ich sehr glücklich.

Angst gehört im großen Spannungsbogen ihrer Ausprägung zu unserem Dasein als Teil unserer Evolutionsgeschichte. Deshalb ist Angst auch immer nur teilweise beherrschbar. Die Bewältigung übermächtiger Angst ist eine unserer Lebensaufgaben, vielleicht eine der faszinierendsten, weil sie den Menschen auch so manches Mal über sich hinauswachsen lässt. Die Potenz dazu haben wir alle. Ein gutes Gefühl.

DEPRESSIONEN LASSEN EINEN NIE LOS – ABER ES LÄSST SICH MIT IHNEN LEBEN!

Ein pessimistisches Ende dieses Buches? Nur auf den ersten, oberflächlichen Blick mag die Feststellung erschrecken, die meisten Depressionen seien nicht völlig überwindbar. Das Resümee meiner Lebens- und Krankheitsbilanz ist jedoch eine insgesamt positive. Sie blendet aber auch die dunklen Seiten der Krankheit nicht aus, denn diese gehören heute zu meinem Leben dazu, sind ein wichtiger Wissens- und Erfahrungsschatz, auf den ich jederzeit zurückgreifen kann und oft auch muss.

Wenn eine Depression in vielen Fällen nicht vollständig zu überwinden ist, so ähnelt das Bild ihrer Langzeitwirkung den Spätfolgen anderer Krankheiten, die auch Spuren im und am Körper hinterlassen. So muss der Diabetiker für den Rest seines Lebens seine Ess- und Lebensgewohnheiten auf seinen gesundheitlichen Defekt einstellen, und wer einen schweren Unfall hatte, wird nach der Genesung besonders vorsichtig mit seinen Gliedmaßen umgehen und erneute Verletzungen zu vermeiden suchen.

Oft sind solche Erkrankungen wichtige Zäsuren, die eine Neuausrichtung des Lebens unumgänglich machen. Nicht anders geht es dem Depressiven. Die schweren Begleiterscheinungen der Krankheit lassen sich überwinden, die Spuren aber, die sie in der Seele hinterlassen hat, nicht restlos tilgen. Wie je-

mand, der nach einer lebensbedrohenden Operation auf lange
Zeit Medikamente einnehmen und ihre Nebenwirkungen akzeptieren muss, so muss sich der einst schwer Depressive darüber bewusst sein, dass es sehr auf ihn selbst ankommt, ob er
seine Krankheit im Griff behält und mit ihr leben kann. Nur
wenn er es schafft, eine besondere Ich-Stärke zu entwickeln,
ohne allzu eingeschränkt zu sein, wird die Krankheit ihn nicht
wieder einholen.

Der Depressive hat diese Möglichkeit weitgehend in der
Hand, aber es kommt auf ihn selbst an und irgendwann nicht
mehr auf die helfende Hand des Therapeuten.

Der häufige Ursprung der Depression – nämlich das Verfolgen eines auf vielschichtigen Illusionen aufgebauten Lebenskonzeptes – lässt sich nicht so einfach ausradieren wie der
Bleistiftstrich auf einem Blatt Papier. Sonst wären Depressionen nicht so hartnäckig.

Das Thema, das den Depressiven sein Leben lang begleiten
wird, ist durch die beiden Pole der Illusionen und der Suche
nach Ich-Heimat gekennzeichnet. Sind die krank machenden
Illusionen durch eine erfolgreiche Therapie in ihrem lebensbedrohenden Einfluss entlarvt und damit überwunden, gilt es
den nächsten Schritt zu tun: dem Ich eine wirkliche Heimat zu
geben. Das eigene Leben braucht eine selbst bestimmte Richtung mit Wünschen, Inhalten und Zielen, und sie schaffen dem
Ich nur eine Heimat, wenn sie tatsächlich der eigenen Person
mit ihren ganz spezifischen Anlagen entsprechen.

Fest verankert im erwachsenen Leben mit all seinen Höhen
und Tiefen zu stehen ist für viele Menschen der ganz selbstverständliche Lebensablauf. Für den Depressiven hingegen führt
nur ein besonders schwerer, dornenreicher Weg dorthin, weil
sein Leben nicht als ein Kontinuum abläuft. Stattdessen stellt
seine Krankheit ihn vor die schier unbezwingbare Aufgabe,
seinen Anker zu gänzlich unpassender Zeit auszuwerfen, näm-

lich dann, wenn die meisten anderen bereits ihren Weg gefunden und sich im Leben eingerichtet haben.

Eine schwere Depression ist nicht nur eine vorübergehende Zäsur, nein, sie markiert das Ende des bisher gelebten Lebens, ohne auch nur die Konturen eines neuen anzubieten. Das Lebens- und Leidensmuster vieler Depressiver ist ähnlich: Zuerst sind sie hilflose Opfer der Krankheit, dann verfestigt sich die Einsicht, diese überwinden zu müssen, wenn das Leben wieder lebenswert sein soll, und schließlich verdichtet sich die Einsicht, das Leben ganz neu, unerwartet anders noch einmal anzusetzen zu müssen – also den Anker zu lichten und wieder Fahrt aufzunehmen. Zuerst noch ohne Ziel, ohne erkennbare neue Inhalte, ohne präzise Wünsche – an alldem kommt der einst Depressive nicht vorbei. Je mehr Konturen eines neuen Lebens sich abzuzeichnen beginnen, umso befriedigender empfindet er seine neue Position darin – sein Ich beginnt sich einzurichten, das Bedrohende der Depression nimmt ab und tritt irgendwann ganz in den Hintergrund. Er hat sich von seinen Illusionen gelöst und beginnt langsam ein selbst bestimmtes eigenes Leben. Dieser erlösende, freudige Zustand kann dann Monate, manchmal auch Jahre anhalten, ohne dass sich auch nur ein einziger Rückfall in die Depression ankündigt. Er hat es geschafft – scheinbar.

Aber diese Ruhe ist trügerisch. Das Engramm der Krankheit ist nicht gelöscht, die Seele bleibt verführbar. Auch wenn sich das Ich irgendwann sehr gefestigt hat, sich sogar alle Lebensabläufe glücklich fügen, so können doch Situationen eintreten, die sich fatal auswirken: immer dann, wenn das Ich an eine schon einmal erlebte Situation während der schweren Phase der Krankheit erinnert wird. Unter dem Eindruck, dass sich spätere mit früheren, einst krank machenden Ereignissen zu decken scheinen, gerät der vormals Depressive leicht wieder an den ihm nur zu bekannten, bedrohlichen Rand.

Sein Ich gerät in Gefahr, seine Kontur zu verlieren, und er sehnt sich wieder danach, von anderer, starker Hand aufgefangen und beschützt zu werden. Und all das soll ihm von außen zufallen, gleichsam geschenkt werden, ohne eigenes Zutun – einer liebevollen Umarmung kleiner Kinder gleich, die sich nach einem harmlosen Sturz verschreckt in die schützenden Arme der Mutter werfen. Aber dieser Lebensphase ist der Depressive ja inzwischen lange entwachsen – und das wird ihm in der Konfrontation mit der heraufziehenden Depression immer wieder von neuem schmerzlich bewusst. Den Weg zurück gibt es nicht, es gibt keine derart schützende Hand mehr – vielleicht eine andere, zärtlich liebende, aber keine, die ihn so zu trösten vermag, wie er es zu Beginn seines Lebens immer gesucht und wahrscheinlich nie erfahren hat.

Hat der auf diese Weise immer wieder plötzlich am Rand Stehende seine Krankheit wirklich im Griff, kann er sie beherrschen und weiß, mit sicherer Hand solche bedrohlichen Situationen zu meistern. Der Mechanismus, der im Körper abläuft, scheint dabei immer der gleiche zu sein: Der einst Kranke spürt die Gefahr, sein eben noch intaktes Stimmungsgefüge gerät erneut gefährlich ins Wanken, um dann zu erkennen, dass nur zum ungezählten Male ein altes Muster abzulaufen scheint: der Wunsch nach dem Abgleiten in die Illusion.

Ist der Depressive einst immer wieder diesen für ihn unbekannten Krankheitsauslösern erlegen, weiß er heute, mit ihnen umzugehen, weil er den stets wiederkehrenden Mechanismus verstanden hat und sich darauf einstellen kann. Es scheint, als sei dem Depressiven die Bürde auferlegt, nicht nur unter äußersten Schwierigkeiten sein Ich zu finden, sondern es auch in besonderer Weise ein Leben lang gegen die Versuchungen der Depression verteidigen zu müssen.

Immer wieder scheint ihm – wenn auch oft nur in sehr großen Zeitabständen und ganz spezifischen Lebenskonstellationen – die so mühsam aufgebaute Heimat des Ichs streitig gemacht zu werden. Er wünscht sich nichts sehnlicher, als von diesen Bedrohungen verschont zu bleiben, und doch muss er sich ihnen stellen – sie bleiben das Engramm der Krankheit. Es ist glücklicherweise ein Engramm mit ganz starren, also immer wieder gut erkennbaren Konturen. Je mehr sich das Ich im Leben eingerichtet hat, umso deutlicher sind diese Konturen – und damit sind sie in ihrer einst fatalen Wirkung wiedererkennbar und auch zu meistern.

Mein Resümee? Wer zu der für ihn richtigen Zeit seine Ich-Heimat nicht selbstverständlich gefunden hat, muss sie sich selbst schaffen. Am Ende des oft langwierigen Genesungsprozesses ist sein Ich stark, die Krankheit hat ihre Schrecken verloren, es ist Normalität eingekehrt. Keine langweilige Normalität, sondern eine willkommene ohne Krankheit, aber um das Wissen ihrer latenten Bedrohung. Diese Normalität ist das genaue Gegenteil von fatalen Illusionen – es ist das eigene Leben, das eigene Glück, es sind die eigenen Ziele und Wünsche. Das Ich hat seine Heimat gefunden. In dieser Heimat kann es sich tätig einrichten.

Auch ich kann heute sagen, dass ich meine Heimat gefunden habe und glücklich bin, weil ich sowohl mein Leben kraftvoll meistern, als auch mit den Gefahren der Krankheit umgehen kann. Aus jeder Versuchung, wieder in die bekannten Muster der Depression zu fallen, gehe ich heute ein wenig stärker hervor, wobei mein Erfahrungsschatz im Umgang mit der Krankheit wächst und damit die Potenz, immer besser mit den Widrigkeiten des Lebens umgehen zu können – Depressionen sind ja nur ein Teil davon.

Ja, mit Depressionen lässt sich leben – im glücklichsten Falle sogar gut.